高校体育教学改革与创新研究

曹晓明　于洪涛◎著

吉林出版集团股份有限公司
全国百佳图书出版单位

图书在版编目（CIP）数据

高校体育教学改革与创新研究 / 曹晓明，于洪涛著
. -- 长春 : 吉林出版集团股份有限公司，2023.8
ISBN 978-7-5731-4284-9

Ⅰ. ①高… Ⅱ. ①曹… ②于… Ⅲ. ①体育教学—教学研究—高等学校 Ⅳ. ① G807.4

中国国家版本馆 CIP 数据核字 (2023) 第 180462 号

高校体育教学改革与创新研究

GAOXIAO TIYU JIAOXUE GAIGE YU CHUANGXIN YANJIU

著　　者　曹晓明　于洪涛
责任编辑　李　娇
封面设计　李　伟
开　　本　710mm × 1000mm　　1/16
字　　数　210 千
印　　张　12
版　　次　2024年1月第1版
印　　次　2024年1月第1次印刷
印　　刷　天津和萱印刷有限公司

出　　版　吉林出版集团股份有限公司
发　　行　吉林出版集团股份有限公司
地　　址　吉林省长春市福祉大路 5788 号
邮　　编　130000
电　　话　0431-81629968
邮　　箱　11915286@qq.com
书　　号　ISBN 978-7-5731-4284-9
定　　价　72.00 元

作者简介

曹晓明 山东龙口人，2003 年毕业于山东师范大学课程与教学论专业，2001 年 3 月进入烟台南山学院从事体育教学工作。曾荣获山东省高校体育教师基本功大赛三等奖，烟台南山学院青年教师教学水平大赛一等奖。先后出版专著两本，在《广州体育学院学报》《鲁东大学学报》等学术期刊发表论文二十余篇，主持或参与各级各类课题近十项，荣获烟台市第三十四次社会科学优秀成果二等奖。

于洪涛 毕业于山东师范大学体育教育专业，2002 年 7 月进入烟台南山学院从事体育教学工作。先后在《广州体育学院学报》《教育》《中国教师》等刊物发表论文二十余篇，主持或参与各级各类课题十余项，荣获烟台市第三十四次社会科学优秀成果二等奖。

作者简介

曹晓明，山东[illegible]人，2003年毕业于山东师范大学[illegible]专业，2004年3月[illegible] [illegible]

于[illegible]，毕业于[illegible]专业，2002年[illegible] [illegible]

前 言

我国正处于时代迅猛发展，社会不断进步的潮流当中，世界各国的教育事业也朝着向好的趋势向前迈进，其中体育教学作为至关重要的一部分对广大人民群众的生活产生了深远的影响。体育教学的推进关乎着高校体育是否能够承担起当前背景下时代赋予的责任与任务。近些年，虽然高校体育公共课改革陆续取得一些成绩，但依旧有许多问题需要解决。要想从根本上解决这些问题，就必须重新认识和定位高校体育课程。我们必须树立正确的教育改革观念，合理应用“学有所用”的教学理念，在此基础上分析并探究实施公正且科学的高校体育教学改革，通过学生的实践活动检验改革高校体育教学的可行性与必要性。通过高校体育教学改革，可以更好地适应21世纪对高校体育人才的需求，培养出适应发展需要的高素质人才，促使高校大学生的就业竞争力和综合素质得到质的飞跃。

高校体育教育是我国教育事业的重要组成部分，是提高大学生身体素质的重要途径，在推动现代教育发展与创新人才培养方面发挥着不可替代的作用。随着我国社会的进步发展，高校教育须深化改革与创新，才能够向人才强国的总目标、向全面素质教育的总目标迈进。体育教育改革首先要从体育教育理念着手。我国从清末至现代的体育思想在历史的渲染和国外先进思想的影响下一直在不断地进步，最终发展到现代三大体育教育理念，分别是“健康第一”教学理念、“以人为本”教学理念、“终身体育”教学理念。随着互联网和多媒体技术的发展，多媒体技术、慕课、翻转课堂、微课等新技术新方法的应用，不仅需要体育教育理念的创新，更需要体育教育方法、体育教育内容、体育教育模式等全面变革和发展。

本书共分为五章。第一章为高校体育教学现状分析，包括高校体育教学概述、高校体育教学发展情况、高校体育教学的影响因素、高校体育改革历程与现状；

第二章主要介绍高校体育教学方法的信息化应用，分为多媒体技术应用于高校体育教学方法、慕课应用于高校体育教学方法、微课应用于高校体育教学方法、翻转课堂应用于高校体育教学方法四部分；第三章围绕高校体育教学模式的改革创新展开论述，分为高校体育教学模式基本概念及现状、云计算应用于高校体育教学模式、多元反馈应用于高校体育教学模式、社团化教学应用于高校体育教学模式四部分；第四章是高校体育教学管理的改革创新，包括高校体育教学管理基本概念及现状、高校体育教学管理探索、高校体育课程管理探索；第五章论述核心是高校体育文化建设，对高校体育文化的起源和发展、高校体育文化构建策略、高校体育中的传统体育文化传承进行了论述。

在撰写本书的过程中，作者得到了许多专家学者的帮助和指导，参考了大量的学术文献，在此表示真诚的感谢。由于作者水平有限，书中难免会有疏漏之处，希望广大同行与读者及时指正。

曹晓明　于洪涛

2023 年 2 月

目　录

第一章　高校体育教学现状分析

体育的重点在于培养德智体美劳全面发展的建设型人才，是高校的重要教学环节，必须加以重视。体育不仅能够让学生锻炼身体，还能让他们意识到品德与智力的培养来源于体育活动中，拥有健康的体魄才能为今后的学习和工作打下坚固基础。

本章主题为高校体育教学现状分析，共分为四节：高校体育教学概述、高校体育教学发展情况、高校体育教学影响因素、高校体育改革历程与现状。

第一节　高校体育教学概述

一、高校体育教学理论

（一）体育教学论

1. 体育教学论概述

（1）体育教学论的概念

体育教学论是一门科学，其主要是对体育教学的各种现象与一般规律进行研究。换言之，体育教学中的各种现象和教学现象中隐藏的规律是体育教学论的主要研究对象。

（2）体育教学论的结构

体育教学论其实就是人们对体育教学中相关问题的思考，它分为两大部分，即体育理论教学论和体育应用教学论。

（3）体育教学论的研究内容

①理论部分。体育教学论中研究的理论部分主要包括：体育教学原理、体育教学因素、体育教学的特征、原则、体育教学规律等。

②实践部分。体育教学论中的体育教学方法、内容、模式和评价等是研究的实践部分，都是与实践操作相关的内容。

2. 体育教学论的价值

（1）有利于对体育教学本质的认识

体育教学是许多教学现象集合起来的一个整体，它具有相对的复杂性，与其他学科相比，体育教学现象更为复杂，正因为如此，体育教师要将体育教学的本质认清是有一定难度的，这会使教师对体育教学活动的正确认识与评价受到制约。体育教学论能够帮助体育教师对体育教学现象进行准确的、科学的辨别与判断，从而促进体育教师在一定程度上认识体育教学本质。

（2）有利于对体育教学要素之间的关系进行辨别

体育教学是一个庞大的教学系统，且具有复杂性，其涉及的教学因素有很多，如教学主客体、教学内容、方法、模式、环境等。为了使体育教学活动能够顺利进行与开展，体育教师有必要通过体育教学论来对体育教学要素进行分析与判断，将其中的关系厘清，并深入理解这些要素，以此来对体育教学的本质进行深入认识与理解。

（3）有利于对体育教学研究进行完善

在基础教育不断改革的过程中，体育教学的内容和内涵也在发生着深刻的变化。随着体育教育与体育文化的不断革新，体育教学现象也逐渐复杂起来，一些新现象与新特点在体育教学中不断出现，人们无法解释这些现象，也无法解决这些新问题，这就需要通过对体育教学论的系统学习来解决这些问题，进一步完善体育教学理论。

（4）有利于对体育教学实践进行指导

通常情况下，总有一定的教学规律会隐藏在体育教学的各种现象中，假如对这些体育教学规律有所了解，并在体育教学实践中遵循这些规律，就可以取得良好的教学效果。体育教学论的学习有利于体育教师对体育教学规律的认识与掌握，从而促进其教学能力的增强，使体育教学任务能够尽快完成。

（5）有利于体育教学活动的顺利进行

国家推行体育新课程改革后，传统的教学理念已经不能满足新课改的需求，需要对其进行改革与创新才能开展体育教学活动，这主要是为了使新课改后的教学目标的顺利达成得到保障。通过学习体育教学论，能够对与时俱进的教学理念进行熟悉与掌握，但要注意学习的规范性与系统性。

体育教学论能够促进体育教师教学能力的有效提高，可以指导教师在不同的教学阶段以现实情况为依据对教学内容、教学方法、教学模式、教学评价机制等作出正确的选择，保证能够顺利实现体育教学目标。

体育教学论对体育教师教学理论水平的提升是非常有利的。通过学习体育教学论，能够帮助体育教师建立起科学的体育教学观，从而指导其运用体育教学观对体育教学的本质与规律进行充分的掌握，进而能够对最新的体育教学问题进行研究与把握，最终提高体育教学问题的解决能力。

（二）高校体育教育法

1. 语言教学法

语言教学法即在教学活动中，教师根据学生的情况对他们进行语言指导，以此来提高教学效果的手段。作为一名教师，能够正确、简明、形象地使用语言，对于学生的学习和教学工作任务的完成具有重要意义。正确地使用语言，不但能够使学生更好地理解相应的学习目标和任务，还能够促进其对相应的知识和技能进行快速掌握。

因此，在体育教学过程中，教师应注重语言的运用，注重语言的技巧。一般学校体育教学中语言教学法的形式有：讲解、口头汇报、口头评价，以及口令和指示等。

2. 直观教学法

直观教学法是体育教学中较为常用的一种教学方法。通过相应的、直观的方式作用于人体的感觉器官，引起相应的感知，从而实现体育教学目的。一般常用的直观教学法有：动作示范、条件诱导、多媒体技术、直观教具和模型演示等。在实践过程中，人们认识事物时都是首先从感觉器官的感知开始的，因此，直观教学法更易于学生理解相应的教学内容。

3. 完整与分解教学法

（1）完整教学法

完整教学法是从动作开始到最后结束的一套完整的教学模式。一般在技术动作的难度不是很高，或技术动作不可进行分解时，会采用完整教学法进行教学。另外，在首次进行动作示范时，也会采用完整法来进行动作技术形象的示范。完整教学法的优点在于动作协调优美、结构简单、方向路线变化较小，各部分之间具有密切的联系。其缺点在于对一些复杂的动作而言，采用这种教学方法会为教学带来一定的困难。为了便于学生进行学习，促进教学活动更好地开展，应注重以下四个方面的问题：

一是在讲授一些简单和易于掌握的动作技术时，教师对可以整套的动作流程进行示范，之后指导学生直接练习完整的动作。

二是有些技术动作无法分解，这时要采用完整教学法。需要注意的是，在采用这种方法时，要对其中的各项要素进行必要的分析，如动作的用力、动作转变的时机等。但是，不能拘泥于动作的细节，要从整体上进行把握，确保动作的完整性和流畅性。

三是对于一些难度动作，可适当地降低其难度，可先通过降低难度或是徒手完成相应的动作，在此基础上逐渐增加难度。需要注意的是，降低难度时，不能使技术动作出现错误，这是基本要求。在教学过程中，对于一些器材的质量以及高度、距离等标准可适当降低。

四是采用完整法进行教学时，可适当改变外部的环境条件，在外力条件的帮助下完成相应的完整动作。

（2）分解教学法

分解教学法即将完整的动作划分为几个部分，逐步使学生掌握完整的动作技术。这种方法适用于难度相对较高，并且动作可分解的运动项目。采用这种教学方法时，能够将复杂的动作分解为简单的动作，从而使技术难度降低，更加有利于学生的学习和掌握。但是，这种方法也有其相应的缺点，即它注重对于局部动作的分解把握，可能在一定程度上使得学生对于整体的理解不全面。因此，分解教学法和完整教学法通常要结合使用。

在运用分解法进行教学时，应注意以下三个方面的问题：

一是应仔细分析动作技术的特点，采用合理的方式对其进行分解，注重时间、空间等方面的有序性和统一性。

二是将完整的技术动作分为多个环节时，应注重各个环节之间的联系，注重动作结构之间的联系。

三是在熟练掌握各阶段的动作之后，要注重各个环节之间的动作衔接，要保证其过渡的流畅性，形成有机的整体。

4. 游戏与竞赛教学法

（1）游戏教学法

游戏教学法也是体育教学过程中较为常用的一种方法，它是指教师组织学生通过做游戏的方式来完成相应的教学任务的方法。通过开展相应的游戏，使得学生之间开展竞争和合作，提升学生的思考和判断能力，促进教学质量的提升。游戏法具有一定的趣味性，能够提高学生参与的积极性，培养学生的学习兴趣，因此在体育教学中被广泛地运用。在运用游戏法时，应注重以下三个方面的问题：

一是应根据教学目标和教学内容采取合适的游戏规则和游戏要求，确保游戏内容与教学内容相契合。

二是采用游戏法时，学生需要遵守相应的规则，但是，应注重对学生的鼓励，以充分发挥其主动性和创造性。通过开展相应的游戏引发和启迪学生的思考。

三是教师应做好相应的评判动作，要做到公正、客观，避免挫伤学生参与体育学习的积极性。

（2）竞赛教学法

竞赛教学法是在教学过程中组织学生参加比赛的教学模式。一方面可以检验教师的教学成果，另一方面能够提高学生的专业水平。竞赛法是将学到的知识动作与实践相结合，能够使学生更好地掌握相应的技术动作。采用这种方法具有一定的竞争性和对抗性，学生需要承受较大的运动负荷。竞赛的开展不仅能增强学生随机应变的能力，还有助于提升学生的心理素质和意志力。

采用竞赛法时，应注重以下两个方面的问题：

一是应进行合理地组织，无论是个人赛还是小组之间的比赛，其实力应相对均衡。

二是学生应熟练地掌握相应的技术动作，并能够在比赛中很好地运用。

5. 预防与纠错教学法

为了防止和纠正学生在练习过程中出现和可能出现的错误动作，教师在教学过程中经常采用预防与纠错教学法。在教学过程中，学生对于各种动作技术的掌握不标准和出错的状况是不可避免的，教师应正确对待，并注意进行有意识地引导和纠正。预防和纠错是相互联系的。预防意味着具有一定的超前性，要求对于可能的错误动作进行积极地引导，并对其出错的原因进行分析；纠错具有鲜明的针对性，即针对学生的错误动作采取相应的纠正措施，并分析出错的原因。预防与纠错的具体方法有以下四种：

（1）语言表达法

为了使学生建立起正确的动作概念，应注重动作细节与要点描述的准确性，使学生能够明确理解各技术动作的标准和结构顺序。通过这种方式，使学生建立起正确的动作意识。

（2）诱导练习法

为了使学生的动作准确无误，可采用诱导性的教学方法，使学生达到相应的教学要求。例如，学生在做肩肘倒立时，不能将腰腹部挺直，针对这种情况，可在垫子上方悬一吊球，让学生用脚尖触球，这样学生就可以挺直腰腹部了。

（3）限制练习法

在进行相应的动作练习时，设置一定的限制条件，有助于错误动作的纠正。例如，在进行篮球投篮练习时，为了使学生的投篮动作更加协调、标准，可进行罚球线左右的投篮练习，使学生掌握正确的投篮方式。

（4）自我暗示法

自我暗示法是一种重要的方法。它是指学生在进行相应的动作练习时，为了保证动作的准确性，在练习中有意识地暗示自己达到要求的方法。例如，在进行篮球的投篮练习时，学生可暗示自己投篮时手指、手腕的动作要标准，使得自身的投篮动作准确无误；再如，在奔跑练习中要暗示自己注意后腿充分蹬地。

6. 体育教学的其他方法

除了上述的教学方法之外，在创新教学理念的影响下，一些其他教学类别的教学方式也逐渐被移植到体育教学之中，如自主学习法、合作学习法以及发现式教学法等。

（1）自主学习法

自主学习法是学生根据老师的指导建议，综合考虑自身的条件与需求，制定一系列的目标，选择相应的教学内容，并通过独立地分析、探索、实践、质疑、创造来进行学习的方法。自主学习能够充分发挥学生的主观能动性。

在体育教学中，自主学习法有主动性、独立性和创新性等特点，能够激起学生对体育的热情，提高学生在体育方面的主观能动性，保障了体育的核心地位，从而达到良好的学习效果。

采用这种方法时应注意以下两方面的问题：

一是学生应根据自身的知识储备和能力水平，选择相应的目标和学习内容，并在教师的引导下进行。

二是学生应根据自身情况，对照学习目标，积极进行自我调控，并及时改进教学方法和教学策略。

（2）合作学习法

合作学习法即在教学过程中，分组去完成相应的学习任务，组与组之间以及组内成员的责任与分工明确的一种互助性教学模式。各小组成员根据自身的特点承担相应的责任，他们之间是相互依赖的关系，在相互协作中，完成相应的任务。在体育教学中，应用该方法应遵循以下六个步骤：

一是在教师的引导下，学生结成相应的小组。

二是全体成员在教师的指导下，根据教学内容确定相应的教学目标。

三是确定各学习小组的研究课题，并对各小组成员之间的分工进行明确。

四是小组成员合作学习，围绕相应的主题完成自身的任务，从而实现小组任务目标。

五是各小组进行一定的学习和交流，分享相应的成果，并纠正自身的不足。

六是对学习的过程进行评价，总结经验和得失，促进下次学习更好地开展。

（3）发现式教学法

发现式教学法是通过积极引导学生发挥自己的创造性思维，使学生在发现的过程中进行学习的一种教学方法。在体育教学中使用发现式教学法时，需要遵循以下三个步骤：

首先，让学生正面遭遇问题和挑战，或者创造适当的学习环境，从而引导学生在教师的指导下主动探究问题；其次，根据相关方面的练习，逐渐了解技术动作的诀窍和运用原理；最后，重复进行分组讨论，提出假设并验证，共同讨论解决问题，最终达成共识。

在运用发现式教学法时要关注以下四个方面的问题：

一是教师所提出的问题能够带动学生思考，需设计适宜的学习场景，从而激发学生的主动性，启迪学生学习的热情。

二是教师的提问应与学生的学术水平相匹配，让他们能够根据既有的知识，通过一定的探索得到相应的答案。

三是教师要注重抓住教学的重点，引导学生对于重点问题进行积极地思考，并找出解决问题的方法，启迪学生的创造性思维。

四是采用这种方法时，应注重由浅入深、由抽象到具体，使得学习过程符合学生的认知规律。

二、高校体育教学功能与目标

（一）高校体育教学的功能

体育作为教育学科中的一个重要内容、除了具备与其他学科同样的教学功能外，还具备其他学科所没有的独特功能。总的来说，体育教学的功能主要体现在健身、健心、知识传播、技能发展、文化传承、美育等几个方面。

1. 健身功能

健身功能是体育教学最为基础的一项功能，它体现了体育的本质属性。对于高校体育教学来说，在经过漫长的实践与改革后，其课程规划、教学大纲设计、教材内容的选择、课时的安排、教学组织的实施等已经逐步科学化、合理化。具体来说，体育教学的健身功能主要体现以下几点：

（1）促进学生生长发育

大学生正处于生长发育的黄金时期，经常参加体育锻炼的学生其身体素质明显高于没有经常进行体育锻炼的学生，体育锻炼可以有效地促进学生的生长发育，提高学生的健康水平。

（2）提高身体机能水平

体育锻炼可以明显改善人体的各项生理机能，如加快新陈代谢、促进骨骼发育、增强心肺功能、增加肺活量、增加肌肉体积、改善血液循环、提高免疫力等。身体机能水平得到提高，学生的抗病能力和环境适应能力也会得到相应提高和改善。

（3）全面发展身体体能

体能主要是指人体的力量、速度、耐力、协调、柔韧、平衡、灵敏等运动素质能力。身体体能一部分来自先天，另一部分来自个体长期以来所进行的体育锻炼和其他活动。体育教学能够有效增强学生各方面素质能力，全面发展身体体能，有效提高运动能力。

2. 健心功能

体育运动作为促进心理健康发展的有效途径，其功能价值主要表现在以下几个方面：

（1）愉悦心情，减轻心理压力

有关科学研究表明，一定的体育运动会刺激大脑内啡肽的分泌，从而间接影响人的情绪，因此也有人称内啡肽为“快乐激素”。体育运动刺激“快乐激素”，能够使人感到轻松愉悦，有效缓解和排遣学习或生活压力。高校体育教学注重发挥健心功能，不仅能够排解学生在学习上的紧张、焦虑、不安、抑郁等不良情绪，更有助于让学生建立良好的心理状态，让他们能在复杂多变的环境中始终保持良好的心理状态。

（2）提高自我效能感

自我效能是指一个人对自己所完成的学习任务或工作能力的主观评估，简而言之就是人们运用自身能力去完成某项任务的自信程度。在体育运动中，学生必须要从心理上和生理上克服困难、磨炼自己，让自己不退缩、不胆怯、不害怕，在体育运动中获得成功的体验感和肯定感，在心理上能够获得一定程度的认知，从而有效提升自我效能感。

（3）磨练意志品德

在体育锻炼中，学生必须完成一定负荷量的动作或技能练习，且需要长期坚持和循环练习，而这一过程能够有效培养和提升学生的意志力。此外，体育运动及体育竞赛的相关规则和秩序也有助于学生养成严格遵守纪律的良好习惯，这种规则感和秩序感一旦形成并固化为习惯和意志品德，就会有益于学生之后的工作和生活。

（4）促进人际关系

大多体育运动都强调群体性、合作性、对抗性，如羽毛球、乒乓球、篮球、足球、排球等。这些需要沟通、交流和合作的体育运动有利于拉近学生之间的联系，拓展学生人际交往空间，促进学生的人际关系。此外，当体育运动以集体形式开展时，学生在团体中会更加注重与其他成员的情感联络、协调合作、团结互助等，使自己得到更多人的认可，从而建立良好的人际关系。

3. 发展技能

体育技能是指由各种理论知识、技能技巧、身体素质相互组合形成的一种综合技术能力，如一个人的敏锐观察力、迅速反应力、良好记忆力、良好接受能力、灵活协调力等。

在远古时代，运动技能相当于生存技能，人们必须具备一定的运动技能以维持生存。而在现代体育中，运动技能对人体的要求已经改变，其主要强调的是技能和技巧的提高。研究表明，适当的体育运动锻炼不仅能够有效提升身体素质，同时还能有效培养技能技巧。

在高校体育教学中，教师体育教学活动的开展以教学内容为依据，必须结合自身教学经验向学生进行理论知识和技能技巧的传递。其中，技能技巧的提升是其教学的最主要内容，要求教师引导学生在不断的实践过程中长期反复练习并内化知识技能。比如，在足球运动的传球技巧教学中，教师可以将传球技巧学习分为短距离传球学练和长距离传球学练两方面展开练习，甚至可以细致到内脚背、外脚背、正脚背射球技巧学练。与其他学科不同的是，体育教学不仅要使学生对理论知识有着深刻的理解，还需要学生经过持续性、长期性的身体练习，在大脑和身体反应上形成对技术的表象反应，最终形成一种条件反射并能作出正确的动作反应，由此显著提升运动技能技巧。

（二）高校体育教学的目标

1. 体育教学目标的层次

若将体育教学目标视为一个整体，则可按照目标的大小、长远对其进行不同层次的划分。可以说，体育教学是由各个小目标的共同搭建，从而形成最终的总目标。一般来说，总目标等于一种超学段的体育教学目标；其下直属的是学段体育教学目标；学段体育目标之下为每个学年的目标；每学年又可分为两个学期，各自对应一个目标；学期目标由不同的单元目标组成；单元目标又包含一系列课时目标。

将体育教学目标划分为不同的层次后，应仔细考虑各不同层级之间的上下位层次关系及其功能特点（表 1–1–1）。

表 1–1–1　各层次教学目标解析

目标层次	目标功能	目标搭载文件
超学段的体育教学目标	与其他学科相对比的体育学科的定位目标	国家教学文件、体育教学论著
各学段的体育教学目标	大、中、小学之间相对比、相衔接的体育教学策略性目标	各学段教学文件、学校体育教学规划
各学年的体育教学目标	针对学生身心发展状况和需要的体育教学发展性目标	学校和体育教研组的教学计划
各学期的体育教学目标	学年体育教学目标的分割	体育教研组的教学计划
各单元的体育教学目标	依托各运动项目学习、特性制定的教学目标	主要是各个担任教师的教学进度
各学时的体育教学目标	根据单元计划的逻辑将目标分类	教师的教案

2. 体育教学目标的特性

通过进一步的剖析和研究，可发现体育教学目标具有以下几个特点：

（1）前瞻性

教学目标是为了对教学活动的方向作出明确的指导，以体育教学活动现状为基础所作出的预见，作为对教学活动的一种预期，它具有显著的前瞻性。

（2）曲折性

无论在任何领域，任何目标从确立到实施再到完成都会遇到一定的阻碍，体育教学目标也同样如此。体育教学目标的实现具有曲折性，所以，在确立体育教学目标时，其设定不可过高，也不可过低。过高的体育教学目标将无法激发教师和学生的积极性，使师生信心遭受打击，目标无法完成；过低的体育教学目标对于教师和学生来说轻松易实现，难以引起学生学习的兴趣和对学习的深度钻研精神。因此，科学合理的体育教学目标对于教师和学生来说，应当是通过共同努力能够实现的。

（3）方向性

体育教学目标的设定就是为教师和学生指明教与学的方向，告诉师生教学应当达成一个什么样的学习成效，因此，体育教学目标具有明确的方向性特点。

（4）终结性

体育教学目标是对教学活动要达到的结果的期待，具有一定的终结性，其终结性并不是说最终的体育教学成果，而是指单个或阶段式的体育教学成果。

3. 体育教学目标的制定

（1）体育教学目标的制定依据

①体育目标与体育课程标准。体育课程标准是教育行政主管部门对课程性质的定位与要求，它是体育教学目标制定的主要依据之一。体育课程标准有利于体育课时安排，如对高校体育的课时安排通常为每周 2 节。

②全面发展的素质教育要求。现代体育教学主要目的是增加学生知识储备、提高学生的技能技巧、增强学生锻炼和心理健康、培养学生道德意志品质。可以看出，体育教学的最终要求是对学生综合素质的培养。在确定体育教学目标时，可以根据这一要求将分析力、想象力、思维力、判断力、灵敏度、协调度以及德、智、美等方面都纳入体育教学目标中去，有效培养和发展学生的综合素质。

③学生身心发展的特点与规律。学生是体育教学的直接对象，在制定教学目标时就务必考虑到学生的身心发展特点与规律。例如，不同性别的学生其身心发展特点有所不同，男生的肺活量比女生的肺活量成熟时间要晚 1～2 年。此外，即便是同年龄段的学生，其身心发展也会有所区别，如身高和体态方面。

④学生的体育学习兴趣与需求。当前体育教学必须要充分体现学生的主体地位，因此，在体育教学活动中应考虑学生的兴趣与需求。基于学生兴趣与需求的体育教学目标能够有效激发学生对体育活动的积极主动性，同时也可以促使教师和学生为体育教学目标和体育教学成果努力，使目标和成果更容易实现。

⑤体育教学的实际条件和可行性。体育教学的实际条件对体育教学目标的实

现起到约束作用，因此，在制定体育教学目标时，应当根据现有的教学场所和设施器材进行目标设定，使最终的教学目标具有一定的可行性和实效性。

（2）制定体育教学目标的要求

①层次性。从体育教学活动本身来看，无论是动作技术的完成还是道德情感的建立，都不可能一蹴而就，它是一个从低级到高级、从简单到复杂的过程，这种层次性是教学活动的内在规律，也是确定教学目标的主要依据。

②连续性。体育教学目标和体育教学成果是由多个子目标构成的，子目标可以是多种形式的，如阶段式、学时式、单元式等，它们既保持独立，又相互关联、环环相扣，上一个子目标的实现衔接着下一个子目标，使最终目标顺利实现，形成一个连续性的体系。

③可操作性。制定体育教学目标就是为了顺利地完成体育教学，最终制定的体育教学目标若成为一种“形式主义”或“空谈”，毫无实际可操作性，那么教学目标则显得毫无意义，因此，制定的教学目标务必具有可操作性。

第二节 高校体育教学发展情况

一、体育教学内容概述

体育教学内容是体育教学工作者在进行体育教学时的主要参考，所以体育教学内容对于体育教学的开展有着很重要的作用。更何况体育教学内容的知识点十分复杂且覆盖范围广，因此，对于体育教学工作者而言，体育教学工作要求工作者必须了解熟悉体育教学内容。

（一）体育教学内容的概念

身体锻炼、运动技能以及比赛等活动是体育教学内容的常见形式，主要以健康教育为核心目标，使用课堂教学方法来实现，这些活动称作体育教学内容。就像其他学科一样，体育教学内容也具有教育、科学和系统化的特征，然而，与其他学科不同的是，体育教学以实践为主，课堂上强调师生的交流互动，教学环境是全开放的，而不是封闭静止的。此外，许多体育教学内容都是根据现实生活总结经验得出来的，因此，体育具有一定的观赏性和竞技比赛性。体育教学的内容涵盖两个层面的意义：

1. 体育教学内容有别于一般的教育内容

体育教学内容与其他的教育内容有所不同，首先，体育教学内容是根据体育教学目标而形成的，在制定目标时充分考虑了学生身心发展需要、教学实际条件等因素；其次，体育教学内容是以身体活动为基本手段来进行的教育，以身体锻炼、身体练习、运动技术与技能学习和教学比赛等组织形式为主的教学形式，而语文、数学、英语等学科则是以理性知识传授为主的教育。

2. 体育教学内容有别于竞技运动的内容

竞技运动中的训练虽然也有育人功能，与体育教学类似，体育教学和竞技运动的内容都是运动项目而且大部分相同，但二者的目的和对运动项目的运用都有很大差异：体育教学以培养健康的合格公民为目的，竞技运动以培养高水平运动员和评出优异运动成绩为终极目标；体育教学内容需要根据社会发展进行必要的改造、组织和加工，而竞技运动内容不必和不允许进行改造。即使是相同的运动项目，二者对受教育（训练）者在体能发展的水平和动作技能的标准化程度等方面上的要求也迥然不同。

由于体育教学包含着多元化的内容、性质和功能，导致体育教学内容在加工、组织和教学过程控制中变得更加复杂。

（二）体育教学内容的特点

1. 实践性

体育教学内容以身体练习锻炼、运动技术与技能学习、教学比赛等组织形式为主，身体活动是这些教学内容的共同特征。身体运动的实践性是体育教学内容最突出的特点之一。这里的实践性是指体育教学内容绝大部分都与由骨骼支持的身体运动实践紧密相关，受教育者本人必须亲身参与这种以肌肉运动为特点的运动才可能学会这些教学内容。体育教学内容中的知识学习和道德培养，也必须通过运动过程和体育学习情境氛围以及运动中的本体肌肉感觉和情感体验才能最终获得，这是与其他学科教育内容最根本的区别。

2. 健身性

由于体育教学内容以身体活动为基本手段，体育教学必然会对身体形成一定的运动负荷。因此，在运动方法和运动负荷合理的情况下，体育学习和练习自然会对身体产生锻炼的作用与效果。虽然由于教学时间的安排，运动负荷的大小、多少和学习目标的优先级等各种因素经常处于非自觉状态，但只要在选择、分析和设计体育教学内容时根据受教育者不同的身心特点将这些健身性的内容进行科学的设计和控制，在体育教学中将以锻炼身体不同部位为主的内容进行搭配，在教学过程中对运动负荷大小进行合理安排，对每个教育内容的健身效果进行评价并反馈改进教学，就可以最大限度地发挥体育教学的健身效果。

3. 娱乐性

由于体育教学内容大多是竞技性的运动项目，参加者在这些运动过程中的学习、竞争、协同、挑战、表现、战胜、超越等心理体验和成就感、卓越感等，都会让人产生愉悦的审美体验。当学生在教学过程中真正感受到这种愉快的体验时，就会强化在体育教学中对运动乐趣的追求动机，这也是体育教学内容与其他文化课内容的重要区别。

4. 层次性

体育教学内容具有鲜明的层次性。体育教学内容的层次性表现在：其一，体育教学内容内在的层次性，即体育运动的内在规律使体育教学内容的技术与战术之间、内容与内容之间存在着由简单到复杂、由易到难的递进式的层次性，这种内在层次性可以相互联系和相互制约，如篮球运动中的运球、传球等基本技术是篮球战术学习的基础，田径教学中的短跑教学内容是跨栏跑教学内容的基础等。体育教学内容的内在层次性是编制体育教学内容的依据。其二，体育教学内容的外在层次性，即学生的生理、心理和社会特点等外在因素也具有递进式的层次性，这使得体育教学内容的安排应具备系统性、逻辑性并与以上层次性因素相适应。

5. 开放性

体育教学内容大多是以集体活动形式进行的运动学习和运动竞赛，这种集体活动又多是以队形变化、分组学习、分组练习来组织进行的。在运动学习练习和比赛中教师与学生、学生与学生可以自由地相互交流，互动频繁。具体以分组形式学习，要求“角色扮演”分工明确，在体育学习中的“社会角色”变化远远多于其他学科的学习。所以，体现出体育教学对学生集体主义精神、竞争意识、协同能力培养的独特功能。

6. 约定性

体育运动项目或身体练习方式是在一定的时间、场地、空间或在专门器械上，按照约定的规则和程序进行的，如“田径”“郊游”“沙滩排球”“户外运动”“沙地网球”“平衡木”“撑杆跳”等。也就是说，如果这些项目离开了特定时空的制约，其内容和形式就会发生质的变化，甚至内容本身就不存在了。由于体育教学内容的时空约定性，使体育教学内容对运动的时空有很大的依赖性，也使场地、器材、规则本身成为体育教学内容的制约因素。

二、体育教学内容的编排与选择

（一）体育教学内容的编排

1. 体育教学内容的编排模式

在对体育教学的课程内容进行排列组合时应坚持一定的策略，目前，体育教学内容的主要编排方式包括螺旋式排列和直线式排列，同时还包括以上两者综合在一起而得到的混合型排列方式。下面重点对螺旋式排列和直线式排列这两种体育教学内容编排模式进行详细分析：

（1）螺旋式排列

体育教学内容的螺旋式是当某项运动项目的教学内容的有关方面在不同年级重复出现时，逐步提高教学要求的一种排列方法。

在历来的教学大纲当中，只模糊地说明一些锻炼身体作用大的教材是适合用螺旋式排列来进行编排的，事实上，并不是仅仅锻炼身体作用大的教材才适合螺旋式排列的编排方式。一些兼具难度和深度的教学内容，总是要求学生熟练掌握运动技能，这些教学内容也是更加适合用螺旋式排列方式的。

（2）直线式排列

与螺旋式教学内容的排列方式不同，直线式教学内容的排列意味着，学习了某一体育运动项目和身体练习之后，相同的内容基本上不再重复出现。

随着体育教学的发展，如何更加科学地对体育教学内容进行编排，以实现更好的教学效果，要求体育教学工作者在体育教学内容的编排过程中，注意考虑体育教学内容的循环周期现象。

2. 体育教学内容的编排方法

（1）简化的教材化方法

简化的教材化方法具体是指将各种高水平、正规的竞技运动项目在各方面（包括竞赛的规则、技术、器材和场地等）进行简化，从而使其能够更好地适应体育教学活动的开展。这种方法是现代体育教学中，对教学内容进行教材化最为常用的一种方法。简化教材法使得教学内容适应学校的条件、学生的能力、教学目标及教师的教学水平，使教学更具操作性。

（2）理性化的教材化方法

理性化的教材化方法主要通过对各种运动项目所包含的各种运动原理和知识等方面进行充分的挖掘，并将其组织安排在教学过程中的一种教材化方法。这种教材化的方法适用于具有一定体育基础的学生的体育教学。

（3）实用化、生活化、野外化、冒险运动化的教材化方法

实用化就是使教学内容与实用技能相结合；生活化则是教学内容与日常生活相结合；野外化则是将正规的场地变为野外的非正规场地，或将各种场地运动转变为各种野外运动；冒险运动化就是增加一定的惊险性，激发学生的学习兴趣。这些方法能够与现实生活各种需求相结合，增加教学内容的趣味性，提高学生的学习兴趣。

（4）游戏化的教材化方法

很多体育教学内容都比较枯燥，如跑、跳、投、体操、游泳等运动项目，因此，在选择好教学内容后还需要对其进行一定的改造，而常用的方法就是游戏化的教材化方法。这种方法是将这些单调的运动用“情节”串联成游戏，提高参加者的兴趣，同时又不会在很大程度上改变练习的性质，依然可以很好地达到增强练习效果的目的。

（5）运动处方式的教材化方法

运动处方式的教材化方法是指遵循锻炼的原理，对运动的强度、速度、重复频率等因素进行组合排列，并以学生不同的需要为根据，组成处方来进行体育锻炼和教学。这是一种不可或缺的教材化方法，因为它对教会学生运用运动处方锻炼身体非常有利。

3. 体育教学内容编排的注意事项

（1）注意学生基础和教学实际

体育教学内容的编排应以学生的基本需求为主，不断提升体育教学质量，应使体育教学的内容与学生的实际情况和实际需求相适应。具体而言，在进行体育教学时，教师应在考虑体育运动和身体练习本身的难易程度的基础上，依据学生的实际需要、学生的体能和运动技能基础以及其发展的阶段特征等方面，合理安排体育课程内容。

（2）突出不同体育运动和身体练习特征

体育教学内容丰富，在对体育教学的内容进行编排时，应注重各种运动技能的学习、改进、巩固、提高和运用。应该认识到，体育教学不仅要使学生了解相应体育知识和技能，还应该使学生能在日常体育锻炼中灵活运用这些知识和技能。这就要求教师在对不同体育教学内容进行编排时，突出不同运动项目的特色和技法特点。

（二）体育教学内容的选择

体育教学内容在体育教学中起到至关重要的作用，并且对整个体育教学活动的过程产生着非常大的影响。体育教学内容同时还将教师与学生连接在一起，促进学生和教师之间的信息交流。体育教学对于体育教学方法和教学手段通常起着制约作用，这有助于体育教学目标与课程目标的实现。为了适应现代社会发展的需求，体育教学内容的选择必须要有一定的依据，遵循一定的原则。

1. 体育教学内容选择的依据

（1）体育课程目标

体育课程内容在实现体育课程目标的过程中，是作为手段而不是目的而存在的。体育课程目标存在多元性的特征，体育运动项目和身体练习也具备可替代性的特征，这都使体育教学内容的选择变得更加多样，所以选择体育教学内容时必须有标准可以依据。

体育课程的目标是对教学内容进行选择的重要依据，这是由于，体育课程目标在体育课程编制的过程中，在每一个阶段内都作为教学内容的先导和方向，所以它经过了多方专家的合理思考验证，对各个方面的影响都进行了认真合理的验证。因此，在进行体育教学内容时，目标是必须遵循的，相应的体育课程目标对应着相应的体育课程内容。

（2）学生的需要及身心发展规律

选择体育教学内容时，首先要考虑学生的需要。体育教学重点在于促进学生身心发展，所以对体育教学内容进行选择的一个必要的因素就是学生对于体育的需要和兴趣，这对于有效的学习是非常重要的。学习需要学生的主动参与，也就是说，学生自身积极和努力是必不可少的。通常学生面对感兴趣的事情，参与的动力就会大大增加，学习的效率也将倍增。这非常符合一些学者所提出的观点：如果学习是被迫的而不是学生出于兴趣进行的，那么学习在某种意义上来讲是无效的。

学生对教学内容的接受程度取决于其身心发展规律以及特点，因此，体育教育的内容必须以学生为主体，考虑学生的接受程度，内容进一步激发学生的兴趣。在选择体育教学内容时，不能忽略学生的实际情况，需要结合学生的特点来决定教学内容的各项要素。

（3）社会发展的需要

学生的个体发展与社会的发展紧密相连。所以，在进行体育教学的内容选择时，除了考虑学生本身的需求，社会现实发展的需求也必须被考虑进去。体育内容在选择方面不能忽视学生走入社会后发展所必需的体育素质，其内容必须满足学生在步入社会后方方面面的需要。此外，体育教学内容必须与社会和学生自身的生活相联系，让学生体会到它的价值所在，其功能才能得以实现，因此，体育教学内容的选择与社会实际相符是非常重要的。

（4）体育教学素材的特性

在体育教学内容的选择上，最重要的要素就是体育教学素材，而它最大的特性就是并没有非常强的内在逻辑关系性，这种特性使得体育教学内容的选择无法完全按照难易程度和学生素质来进行。因此，体育教学内容往往只是以运动项目来进行划分，但各个教材内容之间的关系是平行和并列的，如篮球和足球、体操和武术。表面上看似有联系，但这种联系并非非常清晰，而且并没有先后顺序，无法判断谁是谁的基础。所以，在这里是无法确定教学内容内部的规定性和顺序性的。

体育教学素材的另一个特性是具有一项多能和多项一能的特点。一项多能就是指凭借一个运动项目，能够实现非常多的体育目的，这就是说，在这个项目中有着目标多指向性的特点，以健美操为例，有人利用这个项目来锻炼身体，有人用这个项目进行娱乐，同时这个项目还有表演的作用。在很多情况下，进行健美操运动往往能实现多个功能，这就是说，学生掌握了一项运动之后，就能够实现多种目的。多项一能则突出了体育教学内容之间具备相互的可替代性。比如，从事投掷练习，可以扔沙袋、投小垒球，也可以推实心球，还可以推铅球。想通过体育运动得到娱乐放松，可以踢足球，可以打排球，还可以打篮球、打网球。这就是说想达到目的并非只能通过一个项目来实现，不同的项目也同样能够做到。正是由于这个特性的存在，体育教学内容的规定性不是很明显。

体育教学素材还有第三个特性，那就是它拥有庞大的数量。庞大的数量使得其内容相当庞杂，并且在归类上存在一定的难度。自人类文明诞生以来，创造出的体育运动项目数不胜数，并且每一个运动的技能对于练习者的身体素质都有着各种各样的要求。鉴于这个原因，没有哪个体育教师能够精通全部的体育项目，所以，体育教师的培养才要求一专多能，体育课程的设计者也很难将最合理的运动组合运用到体育教学内容当中，同时也几乎不可能编写出适合所有地区和教学条件的教材。

体育教学素材的第四个特性就是在每个运动项目中，其乐趣的关注点都是各不相同的。以篮球和足球为例，其乐趣就是在激烈的直接对抗中，通过娴熟的技术和精妙的战术配合而得分。再如，在隔网类运动中，其乐趣则是双方队员在各自的场地中通过巧妙的配合，将球击到对方场地而得分。因此，体育运动都有各自乐趣的特性使得它在体育教学内容的选择上是无法忽略的，这同时是快乐体育理论存在的事实依据，并且是这一理论在体育改革进程中发挥着关键影响的原因。

2. 体育教学内容选择的原则

（1）教育性原则

在选择体育教学内容时，首先应从教育的基本观点出发对体育教学素材进行选择，分析其是否与教育的原则相符，是否与社会的固有价值观同步。要明确分析它是否有利于学生的身心发展和身体锻炼。

选择的体育教学内容必须与体育课程的主要目标相匹配，确立“健康第一”的指导思想，并以此作为体育教学内容中最基本的出发点，同时看重其中的文化内涵，在学生学习体育技能的同时更能深刻体会到体育文化修养带来的益处。学校体育在培养学生时首先要考虑对学生的品德、智力、体质等方面的全面发展是否有利，将理论与实际结合起来，在使学生了解人体科学知识的同时真正锻炼身体，还要从思想文化等方面下功夫，使学生得到全面发展。体育教学内容的选择对于不同学段学生的发展特点和规律都要充分考虑到，学生的个体差异与不同需求将会在其中起到很大的作用，所以充分考虑能够确保每一位学生受益。在进行体育教学内容的选择时，还要符合各个方面的实际来确保选择时有足够的空间和灵活性。

（2）科学性原则

选择体育教学内容要遵循科学性原则，其中的科学性包含三方面的含义：

一是教学内容的筛选须有助于学生身心的协调和发展。需要注意的是，一些内容虽然有利于学生身体健康，但对于学生的心理健康并不合适，反之同样可能出现这种状况。因此，教学内容的选择必须做到身体和心理的同步发展。

二是教学内容能够让学生深入了解科学锻炼的原理和方法，以此提高学生在体育锻炼时的自觉性和积极性。

三是教学内容本身存在一定的科学性，因此必须注意防止一些科学性不够强的体育项目作为教学内容进入课堂。

（3）趣味性原则

俗话说，兴趣是最好的教师，学生感兴趣，他们就会积极地参与其中，所以，教学内容要注重学生的兴趣点，选择他们喜欢的有兴致的，并且当前比较流行、受欢迎度比较高的内容。在日常教学工作中，若教师把更多的关注点放到教学体系的完整性方面，日常教学采用培养专业运动员的方法，最终会导致学生产生抵触情绪，出现适得其反的效果。

（4）实效性原则

实效性，顾名思义，就是考虑教材的实用性程度，是否有利于学生的健康发展，使用起来是否简便。我国针对教材改革也出台了相应的文件，文件中也不断地强调，教材内容要与社会进步相融合，添加新鲜的东西，吸引学生的兴致，教材讲授的知识一定要有助于学生终身学习。因此，教材选择方面一定要尽量添加一些学生们感兴趣的、受欢迎的、符合时代发展的内容，同时还要特别注重乐趣，为健康体育、快乐体育、终身体育做好铺垫工作。

三、体育教材化与高校体育教学内容的变革

（一）体育教材化

任何一个学科都有其教材化的划分，这是学校学科教学的根本特点之一，为了保证体育教学的正常开展，体育教学工作者应该重视对体育教材化的研究，为体育教学过程提供良好的教学素材，保证教学工作的正常进行。

1. 体育教材化的概念

体育教材化的概念包括以下两层含义：

一是体育教材化本质上是对体育教学素材进行筛选、加工与编辑，使之成为教学内容的过程，这是体育教材化最本质、最基础的含义。

二是体育教材化侧重于对体育教学内容的加工和整理，是结合学生的身体发育特点和认知规律，以为学生创造有利的教学条件作为前提而加工完成的。

2. 体育教材化的意义

纵观我国体育教学的现状以及特点，其涉及的内容非常广泛，它们有的来自人们的日常生活，有的来自传统的习俗，有的来自军队……都是体育教学内容的良好素材。但是这种素材绝不能被简单地认为是体育教学内容。如果我们将体育教材等同于体育教学内容，那么就无法保证教学过程的目标一致性，因为体育教材只是体育教学内容的参考，体育教师还应该结合教学目标以及教学环境进行有针对性的选择。体育教材化的意义可概括为以下几点：

第一，体育教材化是选择体育教学内容的依据和前提条件。在教学内容的选择过程中，可以选择一些与教学目标和学生的发展需要联系较为密切的知识作为教学内容，这样就可以避免教学内容的繁杂，避免教学内容选择过程中目的性不强等问题。

第二，体育教材化是对较为宽泛的体育教学内容的加工，这样可以使体育教学内容的选择素材更趋近于教学目标和教学实际，消除体育教学素材与体育教学内容之间的差异，使体育教学内容的选择更具有目标针对性。

第三，体育教材化是对体育教学内容进行不断编排、整理、选择的过程，因此通过体育教材化对教学内容的加工，可以使所选择的体育教学内容具有整体性

和系统性，体育教学工作者在教学过程中才能更好地发挥教学内容的教育作用。

第四，体育教材化能够通过将体育教学内容进行加工和整理，让原本抽象化的教学变得更加具体客观，使其快速融入教学活动当中，保证教学能够有条不紊地进行。

3. 体育教材化的基本层次

（1）编制体育课程标准和编写教科书

通常情况下，国家和地方教育行政部门组织专家会负责这个层次的工作。具体来说，这个层次的工作主要包括从各种身体活动的练习中筛选出素材，进行教材的分类、加工、排列等。

（2）以课程标准和教科书为依据将教材变成学生的“学习内容”

通常情况下，学校的体育教研组或体育教师将负责这个范畴的工作。具体而言，这个层次的工作要求教师以体育课程标准和教科书规定为基础，结合学生的实际情况和教学条件，将原来针对一般学生和一般教学条件的教材，转化为适合本校班级学生和场地设施条件的教材。

4. 体育教材化的内容

体育教材化的主要工作内容包括体育教材的选择、教学内容的编写、教学内容的加工改造以及教学内容的媒介化。前两个已经在上一节有所阐述，这里主要对后两个方面的工作内容进行分析。

（1）体育教学内容的改造与加工

①文化化的教材化方法。文化化的教材化方法是筛选、提取并强化体育竞技运动的文化要素，让学生能够在教学中学习各种文化要素，感受运动文化的情调和氛围。这种教材化方法对于高中和大学的学生是较为适用的。

②变形化的教材化方法。变形化的教材化方法根据基本结构改造原运动，使其成为一种适应教学需要和符合学生特点的新运动，这也是变形化教材方法的主要目的。当前，“新体育运动项目”就属于此类运动，这种教材化方法在处理难度较高的运动项目或受运动器材严重制约的运动时，往往具有实际明显的效果。

③动作教育的教材化方法。动作教育是一种体育教育思想和体育教材方法论。动作教育的教材化方法有着较为显著的特点，即一些竞技体育运动以身体的运动

原理为依据，将一些运动项目分成不同的类别，制定针对少年的教材设计，较为典型的有教育性舞蹈、教育性体操。

（2）体育教学内容媒介化工作

将体育教学内容媒介化是体育教材化的最后一项工作。将选出、编集、加工和改造后的体育教学内容变成载在某种媒体上的教材形式，就是所谓的体育教学内容的媒介化。

体育教学内容媒介化工作的形式有很多种，其中较为主要的有教科书（包括学生用体育教材和体育教学指导用书）、音像教材、挂图、多媒体课件、黑板板书、学习卡片等。下面重点对多媒体课件和学习卡片进行分析和阐述：

①多媒体课件。教师以体育教学的需要为主要依据，用体育教学内容编辑成的计算机演示的系列材料，就是所谓的多媒体课件。当前，多媒体课件是体育教师常用的工具，究其原因，主要是计算机课件依靠计算机来演示动作，在速度调整、观看细节、多次重复播放以及视觉听觉的艺术效果等方面都具有教师的讲解、示范所无法达到的教学效果。

②体育学习卡片。体育学习卡片是体育教材的另一种载体形式。学生在体育课中使用的一种辅助性学习材料，就是所谓的体育学习卡片。这种形式比较适合体育教学特点。

（二）高校体育教学内容的变革

1. 高校体育教学内容的发展趋势

（1）对终身教育目标的要求进行充分考量

对于高校学生终身体育观念的建立和形成，高校体育在其中起着至关重要的作用。学生参与的体育所必备的技能、态度和相关知识决定了终身目标的实现，因此，教学内容应该突出体现健身性运动文化的传播性与娱乐性，在健身价值和终身运动性强的项目中作取舍。

（2）更加注重体育运动的规律性

以往在选择体育教学内容时总是根据各个体育项目中的逻辑关系进行选择，但事实是体育教学内容的逻辑性几乎是不存在的，所以这种方法是不科学、不合理的。因此，在未来选择体育教学内容时，要注重寻找体育学科当中一些内在的规律，体育课程中挑选的内容往往都是学生喜欢的，富有时代性的，并且根据年龄和学段的不同，在教学内容上加以区分。

（3）学生价值主体受到的重视程度越来越高

受各方面因素的制约和影响，体育教学内容的选择并不是一蹴而就的，需要综合各个方面的因素进行考虑。在过去的体育教学大纲中，体育教学内容的选择与确定往往更重视教育工作者对于教学内容的价值取向，因此重视的仅仅是教师的教。而随着体育教学改革的进行，多个高校开始重视学生对体育教学内容的价值取向，即注重学生的学。因此，根据学生的学而进行体育教学内容的选择的方式被越来越多的人采用。

（4）更加注重教学主体发展的全面性

在传统体育教学理念和模式下，以往的体育课程大都是以提高学生跑、跳、投等身体素质为目的的一种体能达标课。新的教学改革大纲出台之后，学校教育更加强调素质教育，因此，学校对于学生素质的全面发展肩负着无比重大的责任。在选择与确定体育教学内容时，同样要符合素质教育的要求，使学生在身心方面都能获得全面的发展。

（5）不断引进民族特色项目

通常情况下，一些喜闻乐见的运动项目一直受到广大学生的热烈追捧，所以，在选择与确定体育教学内容时多发展一些新颖的运动项目。除此之外，我国多民族的特性又开发出了许多独具民族特色的体育项目，这些民族项目有着很高的健身价值，在体育教学内容的选定中应根据具体情况适当加以选用。

2. 高校体育教学内容变革的思路

（1）避免重复，增强体育内容的创新性

当前高校体育课程还处于各自为战的状态，虽说百花齐放是皆大欢喜的事情，但人才培养的教育质量的原则性和严整性依然存在。教育部门要对高校体育内容作出明确的规定，防止小学到大学的教学内容出现交叉情况，结合学生身体发展情况，运动项目要体现出科学性和连接性。在保持基本原则不变的情况下，体育教学的内容要符合体育自身的发展规律，在课程中引入一些学生感兴趣的，有健身效果的，顺应时代发展的体育项目，且教学内容要针对不同的年龄阶段和学段进行逐级分化。

（2）改变传统观念，创新体育教学内容

传统体育教学内容忽略了高校体育健康教育的培养，强调对体育项目“技术性”动作的学习。

在新的体育教学中，应培养大体育观念，打破传统的体育教学思维，注重提升学生的多元化能力。如可以利用每个学期的理论学时或阴雨天气来填补技术动作学习的盲区，加强对大学生体育健康教育的培养，引起他们对体育健康基础理论的重视。在大学时期，大学生的身体正在经历长时间的生长发育，因此，必须给予他们心理健康、预防和康复运动损伤、制订针对性的运动计划等基础体育理论方面的补充知识来提高他们的社会适应能力。

（3）创新体育教学内容上课模式，提高学习兴趣

传统的体育教学模式分为三个步骤：课前准备，也就是进行跑步活动；课中实践，也就是学习体育技能动作；课后总结，即回顾课堂内容。在这种模式中，动作学习是通过老师的讲解和示范来进行，然后指导学生练习。这种授课方式虽然方便了体育老师备课和上课，但对于学生而言过于单调无趣。为了让每节课的教学内容更加丰富多彩，体育教师需要灵活运用教学方法，创新教学方式。为了避免让学生感到 50 米跑毫无趣味，可以将这项体能训练融入具有趣味性的体育游戏中，比如安排短距离的直线分组对抗训练，这样不仅能增强训练的趣味性，还能激发学生的练习热情。

（4）合理的师资结构，满足教学场地器材

科学的师资结构可为学生提供多样化的学习方式，为体育教育提供更广泛的选择。在维持体育教师数量的情况下，可加强对教师的培训，尤其是对新时尚运动项目的青年教师的培训。可要求每个体育教师能够掌握不少于两种不同类型的体育项目内容，满足不同教学需求。此外，还要进一步完善体育设施建设，增加教学所需的体育器材，这些措施能够有效提高体育教学内容的质量。

第三节　高校体育教学影响因素

一、高校体育教学的思想因素

体育教学思想能为体育教学实践活动的开展指明方向，在各项体育教学活动的开展过程中具有重要的指导作用。在高校体育教学系统中，教学思想因素还制约着其他教学，对于高校体育教学工作者来说，了解、认识、充分理解高校体育教学思想，对其具体体育教学工作的顺利组织和开展以及良好体育教学效果的取得具有重要的意义。

（一）不同理论对我国体育教学思想的影响

1. 现代人本主义教学理论对我国体育教学思想的影响

（1）现代人本主义教学理论概述

社会、科技的不断进步影响了人们的生活。人们的生活进入现代化的生活阶段，各种新的科学技术和产品在人们的日常生活中发挥着越来越重要的作用。现代人本主义强调，应将人类从科技中解放出来，恢复人在世界中的本体地位，而非依附于科技发展。[①]

现代人本主义理论在体育教育领域表现出以下特征：

①教育应促进自我实现。现代人本主义理论认为，教育应重视对人性的发掘和培养，通过教育，应该将学生培养成一个全面发展的人，并不断地提高自身能力，挑战自我。

首先，人本主义强调教育应促进学生人格的完整。罗杰斯指出，人的学习是认知和情感的共同发展，教育就是要促进人的认知与情感的丰富、提高。

其次，人本主义强调教育应促进个体的创造能力的发展。通过教育，提高学生的创造意识和创造能力，应促进个体对自我创造能力的开发与发展，提高

① 侯道娟. 中西人本主义哲学比较研究 [M]. 北京：九州出版社，2016.

创造、创新能力。

②教育应尊重学生情感体验。现代人本主义认为，在体育教育教学实践过程中，体育教师应重视学生的情感意识的发展，通过对良好教学环境的建设，促进学生的情感体验的丰富。

通过体育教育完善学生个性，是使其更好地适应社会的重要前提和基础。

③教育应尊重学生自由发展。现代人本主义教育思想强调，应尊重和关爱学生，应充分给予学生自由选择的机会，减少干预、干涉行为。

通过体育教育，在尊重学生主体的基础上，促进学生的自由发展，在教学中，教师要扮演好指导者的角色，确保学生在个性自由发展的健康方向是正确的。

（2）人本主义思想与我国素质教育

改革开放后，我国进入了一个全面发展的新时期，在教育思想领域，受国外先进体育教学思想的影响，我国体育教育界也展开了教育思想的大讨论与引进、学习，新时期的体育教育，将教育的重点放在“人”身上，关注人的发展。

在人本主义教育思想的影响下，我国体育教学观、价值观以及课程观等方面都有了新的变化。

①教育本体价值观的回归。随着人们对教育的认识的不断深入，“体育的过程是培养人的社会性活动的过程”这一认知逐渐强化。

为了实现体育教育教学改革，我国实施《关于深化教育改革全面推进素质教育的决定》，从国家层面，强调了塑造教育的重要性，强调现代教育应重视人的自我价值和社会价值的实现，促进学生的全面发展。[①]

②尊重学生主体的教学观。现代人本主义教育思想在很大程度上影响了我国的教育教学观念。在现代教育观念下，学生是体育教学的主体，体育教学应重视培养学生的积极性和主动性。

③重视学生生活经验的课程观。在近些年来，我国不断调整课程结构，并在课程体系中融入了活动课程和综合课程，课程内容缩减、难度降低，课程内容与社会现实生活之间的关系日益密切。因此，通过体育教学，引导学生参与体育知

① 中共中央、国务院关于深化教育改革全面推进素质教育的决定 [J]. 教育部政报，1999，（C2）：301-310.

识和技能学习，对其走出校园进入社会之后的生活有着重要的帮助作用，体育教育的意义得以真正实现。

2. 建构主义学习理论对我国体育教学思想的影响

（1）建构主义学习理论概述

建构主义理论认为，人在已有认知结构的基础上，通过学习，引起自身认知结构的改变，形成一种全新的认知结构；不断吸纳新的外界信息，认知结构就不断丰富和完善。

同化、顺应、平衡是影响人类认知结构的三个重要过程。在人的认知过程中，为了促进认知结构的建立，对于已有认知结构的建构非常重要，应注意以下几点：

①探究性。为了促进认知结构的丰富，应在认知过程中重视探究。拓展到教学过程中，为了促进学生积极学习，教师要建造一个活的小型的藏书库，而不是直接向学生提供现成的知识。教师应采取各种教学方法，促进学生积极主动地探究、学习和消化知识，而不是被动地、单纯地接受知识。

②情境化。建构主义学习理论十分注重进一步加强各种知识表征（动作的、情节的、语义的）之间的相互联系，并将知识表征与多样化的情境联系起来，这样就能创设出良好的学习情境。因此，在体育教学中，教师应注重良好教学情境的创设，以便激发学生兴趣，促进学生在特定的教学情境中提高知识和技能学习效率。

③社会性。建构主义学习理论具有一定的社会性，强调应根据学生发展的社会源泉、社会文化中介以及通过心理的处理和加工来促进知识的内化，开发各种学习方法促进学生学习。如充分利用社会技术的发展，促进学生使用网络技术、多媒体技术获取学习信息。

④问题导向性。建构主义强调对问题的建构，在这种思想核心意识的指导下，建构主义的学习理论，强调对学生的自我学习能力的提高，通过体育教学，应提高学生发现问题、探索问题、思考问题的能力，拓展学生的思维，促进学生积极主动学习。

（2）建构主义与我国体育教学的融合

建构主义学习理论对我国体育教学思想的适应性：首先，相对于我国传统的体育教学思想来说，建构主义学习理论具有进步意义，它将教育教学的关注点放在学生身上，通过前后学习的关联性，实施下一步教学，在教学中强调“自主、探究、合作”，有助于提高教学水平。其次，建构主义教学理论强调，在教学活动中，以学生学习的角度发现问题，教学活动根据学生的学习情况展开，强调对学生学习积极性的调动。

建构主义学习理论指出，建构是具有一定条件的，必须建立在学生的知识、能力、经验的基础上。只有学生不了解的、具有一定难度的知识的学习才有构建的意义，对学生事先没有掌握的知识进行知识建构是无意义的。

3. 现代人文主义理论对我国体育教学思想的影响

（1）现代人文主义理论概述

①人文概念。人文是一个动态的概念，具有先进的价值观和规范，也是人类文化中最为关键的部分，主要体现在爱护人、关心人、重视人、尊重人方面。

②人文精神。人文精神有着丰富的内涵，我国学者对人文精神有丰富的认知，关于人文精神的讨论也多有争辩，而且至今没有达成一致。

王汉华在《“人文精神”解读》中从五个层面对人文精神的含义给出了解释：科学层面，追求和探索科学、知识、真理；道德层面，追求道德；价值层面，强调自由、平等、正义；人文主义层面，尊重和关注人；终极关怀层面，强调信仰、幸福、生存，探讨社会终极价值内容。

（2）现代人文主义理论对我国体育教学思想的影响

现代人文主义理论关注人、尊重人，是对重大价值的追求，具体到体育教学中，就是关注学生、尊重学生，提倡体育教学应促进学生的自由、全面、健康发展。

在我国体育教学改革时期，现代人文主义理论对我国体育教学思想的影响落实在体育教学实践中，主要表现在以下几点：

①体育教学理念的更新。传统体育教学理念以生物体育观为基础。现代人文主义理论体育观提出“课程目标”“学习领域目标”，强调体育教学的“运动技能”“身体健康”“心理健康”和“社会适应”多维目标，使体育教学目标更加丰富、全面。新的体育教学目标的提出有助于促进学生的全面健康发展。

②体育课程体系的调整。传统体育教学主要是教师教、学生听，教学更加突

出教师的主导性。现代人文主义理论指导下的体育教学在课程体系安排上，充分考虑了学生的兴趣和发展需求，使学生能更加自由地选择体育课程，课程体系内容更加丰富、完整，体育教学中更加重视教师的引导，课程设置有助于调动学生的学习主动性和积极性。

③重视体育人文环境建设。加强校园人文环境建设，营造良好的体育教学氛围是体育教学改革对现代人文主义理论影响下的体育教学思想的新认识。阳光充足、空气清新、干净卫生、舒适安全的体育教学环境，不但能够缓解学生紧张的身心，还能激发学生的运动兴趣，使学生热爱体育运动。加强校园体育文化建设，使人文精神的激励作用得到充分发挥，能在潜移默化中促进学生良好体育习惯和行为的养成。

④重视教师和学生人文素质提高。首先，人文主义对于加强体育教师队伍力量和提高教师人文素质十分重要，在体育教学中，体育教师对学生产生直接的影响，是体育教学中塑造培养人文精神的核心要素。体育教师的形象、口才、知识基础、专业水平、人格力量、道德修养等，都对学生人文精神的形成产生了直接或间接的影响。提高体育教师人文素质，促进体育教师知识结构的不断更新和优化，是将人文精神融入体育教学中的关键所在。其次，人文体育教育，人文是重点和核心内容，强调体育教育应关注人的全面发展，尤其是人在社会中的持续发展，这就要求体育教育应重视素质教育，提高学生的全面素质，使之更加适应社会发展对人才的要求。

（二）现代体育教学思想的发展与应用

1.“以人为本”体育教学思想

（1）“以人为本”体育教学思想的发展

①早期“以人为本”教学思想的体现。我国自古以来都非常重视人的教育，提倡人在自然界、人类社会发展的重要性。

在我国古代教育系统中，关于“以人为本”的教学思想的体现，在早期并没有形成一个系统化的理论体系，而只是在教学内容中体现出来。

商周时期的“民本”思想，是我国古代教育家和思想家，重视“人”的重要体现，认为人民是这个国家的基础。发展到春秋时期，儒家倡导“仁者爱人”的思想、战国时期齐国管仲提出“以人为本”的治国思想，再到后来孟子的“以民为国家之本”等思想，都与“以人为本”教学思想有着密切的关系，只是当时对人的关注更多的是政治意义的体现，在教育方面并没有系统地显现出来。

②西方“以人为本”教学思想的传入。古希腊时期，“以人为本”的思想雏形就已经出现，并在文艺复兴时期广泛推广。19 世纪初，费尔巴哈首次提出“人本主义”，在西方教育中一直影响至今。在人本主义思想的影响下，西方教学体系发生了重大变革，各种教育活动的开展，教学内容、方式、方法选用，都将促进人的发展放在了首要考虑的地位。①

近代以来，随着我国与西方国家接触的不断增多，人本主义思想传入我国，并在教育领域产生了广泛影响。

③我国“以人为本”教学思想的内涵。当今，突出素质教育是当前体育教学改革的重要任务之一。教育部在新的体育课程教学指导纲要中明确指出，“体育教学应促进学生身心和谐发展，重视学生的思想品德、文化科学、生活与体育技能教育”，以达到符合时代和社会发展需要的全面人才的培养目的。在素质教育大背景下，学校教育所要培养的人才应是身心健康和社会能力较强的全面素质发展的人才。

“以人为本”是一种人性化的教育，为我国体育教学的发展指明了改革的方向，它充分强调了学生在体育教学中的主体地位，强调了体育在育人方面，发展人的重要性，重视体育教学中的人的主动性和积极性的调动、人的发展、人的创新。“以人为本”是我国学校体育教学发展的重要教学思想。

（2）“以人为本”体育教学思想的应用

①改变体育教育观念。“以人为本”强调人的发展，重视学生在体育教学中的地位，在新的体育教学实践中，贯彻“以人为本”体育教学思想，应重视教学模式、教学方法等的创新，改变“填鸭式”教学，通过多元化教学模式的运作，提高学生体育学习的热情与参与度，根据学生的兴趣和体育的要求进行教授，突出学生在教学中的主体地位。

---

① 向燕南．人本思想的提升与历史认识的深化 [M]．郑州：河南人民出版社，2019.

②明确体育教学目标。在“以人为本”教学思想指导下，体育教学目标应该充分体现社会本位目标与学生本位目标的统一，具体来说，就是要将传统体育教学中单纯追求社会本位目标的模式打破，要求有机统一社会本位目标与学生本位目标。在教学中体现以下两点：

一是社会本位：要求重视学生未来走向社会的发展，将体育教学的价值主体确定为社会，也就是说，体育教学应该满足社会发展的需要，培养社会发展所需要的人才。

二是学生本位：要求重视学生的个性化发展，在体育教学中以学生为价值主体，也就是说，在体育教学实践中，对学生个体的需要加以把握，以学生的兴趣、需要为出发点组织教学，促进学生自由、健康、全面发展。

③体育教学内容的科学选择。“以人为本”体育教学思想要求在体育教学实践中应围绕学生选择相应的体育教学内容，具体如下：

以学生特点为依据选择教学内容。教学内容应具有娱乐性和趣味性，有利于提高学生的主动性和积极性。

教学内容应具有创新性，能够满足学生求新的心理和需求，并促进学生创新意识的形成和创新能力的提高。

选择实用的、与社会和生活联系密切的、可以使学生终身受益的体育教学内容。

选择更方便普及的教学内容，便于学生在日常生活、学习、工作中开展练习。

④尊重学生，因材施教。在体育教学实践中，教育工作者需秉持以学生为中心的观点，综合学生的身心发展特点和规律，开展体育教学。

“以人为本”注重个性化的教学，尊重学生的个性特点，围绕不同的学生，有针对性地开展教学（内容、方法、模式等），注重因材施教。

⑤关注教师，改进教学。从广泛的意义上来讲，“以人为本”中的“人”包括体育教学活动的所有参与者，学生和教师都在体育教学活动中占据重要的地位，学生是教学的主体，教师也在体育教学活动中起到很大的作用，因此在关注和尊重学生的基础上，也应该关注和尊重教师，充分发挥教师的作用。

在体育教学实践中，体现对教师的人文关怀，学校应做好以下工作：

为教师营造宽松的工作环境，合理规定教师的工作量，科学考核，择优嘉奖。

关注教师发展，对体育教师的管理不应该过分强调防范性、强制性，而应人性化。

尊重和信任教师，不要制定过多的规则、制度来限制他们的自由、想象力、创造力和创新能力。

2.“健康第一”体育教学思想

（1）“健康第一”体育教学思想的发展

①“健康第一”教学思想的提出。在我国，“健康第一”首次作为教学思想被提出是在 1950 年，当时，毛泽东提出“健康第一”的思想，旨在改变当时学生负担太重、健康水平日益下降的状况，他指出：“各校要注意健康第一、学习第二。”①

②“健康第一”教学思想的曲折发展。中华人民共和国成立初期，在国民体质迫切需要提高的国情下，党和国家高度重视青少年学生的身体健康发展。国民素质教育、国民体质教育、青少年儿童健康教育是当时体育发展的首要问题，也正因如此，在当时的体育教育中，学生健康问题越来越受到社会各界的广泛关注。

虽然此后在竞技体育教学思想的影响下我国并没有充分贯彻落实健康体育教育，但是，对体育教育应该关注学生健康发展的教育思想观念主张从来没有停止过。

③“健康第一”教学思想的应运而生。20 世纪 90 年代，“健康第一”教学指导思想的内容更加明确，它主要是对“素质教育”的诉求，是一种多样化和复合型的新型体育思想，强调在体育教育教学的过程中“以学生为本”的理念。此外，我国的社会发展状况，也迫切需要进一步明确和落实“健康第一”的体育教学思想。近年来，我国青少年的身体素质不断下降。青少年身体素质和体质健康水平的不尽如人意受多方面因素的影响，如饮食结构、生活方式、生活习惯、学习与就业压力等。不得不承认，社会的进步给人类带来便捷的同时也改变了人类的生活方式，现阶段大量“文明病”不断侵害人们的健康；快餐文化影响着青少年学

① 国家体委体育文史工作委员会，中国体育科学学会体育史分会．毛泽东与体育文集 [M]. 成都：四川教育出版社，1994.

生的饮食习惯与结构，摄入高热量而运动消耗较少，青少年肥胖症不断增加；当前社会竞争激烈，包括学生群体，他们面临着课业负担、人际交往等各种问题。加强体育教学改革、增强学生体质非常迫切。

进入21世纪以后，随着我国体育教学改革的不断深入，“健康第一”的体育教学思想逐渐明朗，并日益得到重视。

当前社会，知识的更新和边缘学科的发展是史无前例的，各种竞争也日趋激烈。在这样的时代背景下，国务院适时提出了“健康第一”的指导思想，要求学校体育教育应培养身体健康、心理稳定、拼搏竞争、团结协作的新型高素质人才。

现阶段，我国已经明确确立了“健康第一”的体育教学指导思想。该教学指导思想是一种具有体育促进人科学发展的重要教学指导思想，它主张体育教学应将人的健康发展放在第一位，健康是教育的重要功能和人发展的基础。“健康第一”教学思想强调，教育应为促进人的健康发展服务，围绕人的健康开展各种教学活动，健康同样也应是体育教学的重要关注点，体育教学各项活动的展开应有助于促进学生身体、心理的健康和全面发展。

（2）“健康第一”体育教学思想的应用

在“健康第一”教学思想中，“健康”是“全面”的健康、“多维”的健康。结合世界卫生组织对健康的多维内容的阐述，“健康不仅是指没有疾病和不虚弱，而且包括身体的、心理的和社会的健全状态”。因此，在“健康第一”教学思想指导下，体育教学应促进学生的健康、全面发展。因此，必须做好以下工作：

①明确体育教学任务。现代体育教学应促进学生的健康、全面发展。具体来说，在体育教学实践过程中，各项体育教学活动的开展应建立在多维健康观的基础上，重视学生的身体、心理、智力、社会适应能力等多方面的发展，通过体育教育教学培养一个健康的符合社会和时代发展需求的高素质优秀人才和接班人。

②落实体育健康教育标准。调整体育教学内容，普及科学的锻炼知识，真正实现增强学生健康的目标。

依据新的国家学生体质健康测试标准，制定具有区域性特点的、符合学生差异的学生健康考核标准。

允许学生根据自己的爱好和特点自由选择体育项目，使他们真正参与到体育健身中来。

③培养学生健康意识和行为。结合学生情况，选择适合学生发展的体育教材，组织好学生参加体育运动锻炼。体育教学与训练负荷注意适量，不应矫枉过正。在体育课外活动中应加强体育教师的指导力度。开展多种形式的体育比赛。有针对性地加强营养学、心理学、保健学、环保学、身心健康等方面的知识教育。

④发展学生健康知识与技能。要促进学生的全面健康，必须促进学生掌握有利于自身健康发展的知识与技能，在体育教学中，高校应注意体育、卫生、美育的有机结合，增加学生的体育健康相关的知识，紧密结合学生的生长发育与生活实际情况来开展健康教育。同时，重视学生的体育健康运动技能的掌握与提高。

⑤关注学生的多维健康发展。体育教学中的“健康第一”指导思想的贯彻，要求体育教学促进学生的全面健康，其中体质健康是基础。在此基础上，还应关注学生以下两个方面的健康：

一是关注学生心理健康发展：现代社会竞争激烈，各种压力不断增多，来自社会各方面的因素如学习、生活、升学、就业、恋爱、婚姻等对学生的心理来说都是极大的负荷，一些学生存在不同程度的心理问题。因此，我们要重视学生的心理健康，努力提高学生的心理健康水平，学校体育教育在这方面正发挥着独特的作用，通过开展各种体育教学活动，鼓励学生积极参与各种体育活动，促进学生的健康心态、健康心理的形成和发展。

二是关注学生的社会性健康发展，提高学生社会适应能力：体育是一种独特的教育形式，在一定规则的制约下，开展公平、公正、公开的体育竞赛，有利于协调人际关系，增强学生的意志力、团结合作精神和自我心理调节能力，培养学生良好的社会公德，增强学生的责任感，使学生遵守社会规范，更好地适应社会环境，并在适应社会发展的基础上实现个人价值。

3.“终身体育”教学思想

（1）“终身体育”教学思想的发展

①“终身体育”的内涵。“终身体育”是“终身教育”的重要组成部分，“终身体育”就是要将“体育健身”贯穿于“生命的全过程”，在人一生接受教育的

过程中，促进自我终身参与体育。具体如下：

从时间上来说，“终身体育”贯穿于人的一生。

从活动内容上来说，“终身体育”运动项目丰富多样，具体可根据个人爱好选择。

从人员上来说，“终身体育”面向社会全体公民。

从教育方面说，“终身体育”是促进公民整体素质提升、国家繁荣富强的有效手段。

“终身体育”由相互联系和相互影响的学校体育、社区体育、家庭体育构成，作用于个人一生的社会生活。

②“终身体育”思想提出的社会背景。“终身体育”思想的提出，与当前社会所面临的各种发展问题以及教育的现代化改革需求具有密切关系。

从本质上来说，“终身体育”是群众普及体育的进一步发展，有助于实现体育广泛普及化。在现代社会，生存发展是时代的主流，人们要想更好地生活，就要把体育与生活紧密地联系在一起，广大人民群众身心健康发展是更好地适应自我发展需求和社会发展需求的重要基础。

实现全民的贯彻一生的体育健身，是我国提高国民素质、建设体育强国、健康中国和实现中华民族伟大复兴的重要基础。以终身体育为指导开展全民健身运动是我国社会发展的需要。

健康是促进人的全面发展的必然需要，是社会发展的重要基础，是国富民强的标志。通过终身体育，在学校体育教育中培养学生的终身体育意识、提高学生的终身体育能力，是为以后的中国社会建设者和接班人奠定重要的终身体育思想和实践基础，是通过体育教育来实现全民健康发展、惠及全民健康的重要和有效途径。

“终身体育”是当前的重要体育教学指导思想，它有利于人的长期发展，关注人类社会的可持续发展，并在此基础上形成科学的体育教学思想。

③个人“终身体育”思想的形成。“终身体育”教学思想关注学生的“终身体育”思想的形成，对其中的子因素进行干预和调整，最终使学生确立终身体育意识。当前“影响终身体育发展的要素”主要有观念因素、课程因素和主体因素

三大类，对其中的可控因素进行调节，以此来优化体育教学是促进个人终身体育习惯养成的重要基础。

（2）“终身体育”体育教学思想的应用

在“终身体育”教学思想指导下，体育教学不仅应关注当前学生的身心健康、全面发展，还应重视学生是否充分和真正掌握体育运动知识与技能，为其离开校园以后科学参与体育运动作出重要的理论和实践指导。

具体来说，在体育教学实践中，为贯彻“终身体育”教学思想，应做好以下工作：

①培养学生终身体育意识。激发学生的体育学习兴趣：使学生在建立正确的体育目标的基础上，拥有长远的、持久的学习动机，积极学习体育锻炼和卫生保健的相关知识和技能。

培养学生体育参与的习惯：在体育教学中，教师应引导学生将体育锻炼的习惯延续到校园生活以外，使学生在走出校园之后也能积极参与体育锻炼。

提高学生的体育文化素养：重视终身体育知识和技能的全面学习与持续提高，合理安排体育课内、课外活动，以健身为目标，全面提高学生的体育素质、技能、知识、能力。

②拓展和丰富体育教学内容。根据教学目标和实际情况，整合、优化体育教学内容，开展学生乐于接受的体育项目。

开展内容丰富的校园体育赛事，补充体育课堂教学内容的不足。

讲授体育规则和裁判知识，引导学生关注体育热点。

培养学生的自我组织能力和参与意识。

体育课内外教学相结合，让学生结合自己的兴趣爱好参与课外体育活动，发挥体育特长，养成体育习惯。

③重视学生自我发展与社会需要的结合。明确学生需要与社会需要的彼此地位。明确学生需要与社会需要之间的关系。明确学生的体育教学主体地位。灵活处理学生发展与社会需要之间的矛盾。使学生在掌握符合社会发展人才的知识与技能的基础上，实现自我的个性化发展。

④提高教师综合素质水平。教师的综合素质对学生的体育参与意识、体育锻

炼习惯、体育运动能力等具有重要影响，提高教师综合素质水平，是体育教育实现终身教育的重要措施。

在体育教育教学实践中，提高教师综合素质水平，切实落实终身体育教育，应做好以下工作：

一是转变教师教学思想：使教师树立终身体育教学思想，这是开展终身体育教育的思想前提。教育直接关系到民族兴亡，健康、健美的人才才是祖国未来需要的。所以，体育教师应树立起重视体育教学的思想和意识，促进学生的终身体育学习与实践。

二是提高课程设计能力：体育教学是一种开放性教学。教师在体育课程教学过程中，如果遇到一些特殊的或事先没有考虑到的情况，就需要对课程进行调整。因此，教师应具备较强的体育课程设计、调整能力，以便更好地为学生的终身体育学习和锻炼服务。

三是提高执教能力：应提高对体育方法、手段和技术的应用能力，以便创新性地展开教学工作，充分调动学生的体育参与积极性和主动性，使学生乐于主动参与体育运动锻炼，并养成体育锻炼习惯。

二、高校体育教学的环境因素

高校体育教学的环境因素不仅对高校体育教学课的组织与开发有重要影响，还对学生参与体育教学课的积极性以及学习效率有重要影响。本章主要阐析高校体育教学环境及其塑造、高校校园体育文化及其构建，牢固高校体育教学环境和高校校园体育文化的理论基础。

（一）高校体育教学环境概述

1. 高校体育教学环境的概念

在教学活动中，与教师教学与学生学习相关的一切内在条件与外在条件都是教学环境。教学环境是指在推动人类身体发展和心理发展的需求下组织的育人环境，是学校组织和开展不同类型的教学活动一定要具备的各类条件的总和。

教学环境的概念包括广义概念与狭义概念。从广义的层面来分析，教学环境就是作用于体育教学的所有社会环境，如社会制度、科学技术等；从狭义的层面来分析，教学环境就是组织和开展教学活动不可或缺的物质环境与心理环境，如教学设施、规章制度、师生关系等。对于组织和开展学校体育教学课来说，侧重于分析和探讨狭义层面的体育教学环境。因此，把体育教学环境的概念定义为：体育教学环境是指对体育“教”与“学”两方面的效果造成影响的显性教学条件和隐性教学条件以及这些条件共同构成的教学氛围。

体育教学环境的概念具有以下几个层面的含义：其一，体育教学环境是作用于体育教学的一项条件；其二，体育教学环境是形成体育教学氛围的一项条件；其三，虽然体育教学环境的因素属于客观因素的范畴，但能够将其划分成显性因素和隐性因素。

必须要说明的是，体育教学环境包括好的和坏的。与大自然的原始环境相比，体育教学环境的形成和发展需要人工塑造与优化，只有体育教师精心创造、维护、优化，才能产生良好的体育教学环境。因此不难发现，深层次探究体育教学环境的概念与内涵能够更加高效地塑造与优化体育教学环境。

2. 高校体育教学环境的特点

对于高校体育教学活动而言，体育教学环境是至关重要的因素之一，能够为组织和开展高校体育教学活动提供物质条件，对体育教学活动的开展具有巨大作用。体育教学环境的特点包括以下几点：

（1）复合性

就教学目标而言，体育教学活动存在多元化特点；就教学内容而言，体育教学活动存在丰富化特点。在多元化特点和丰富化特点的双重影响下，体育教学活动的复杂性特点应运而生，这或多或少会推动体育教学环境表现出复合性特点。高校体育教学环境的复合性特点着重反映在以下两个层面：

一是复合性特点在体育教学物理环境方面的表现为，体育教学不仅要求学校配备包括教室和桌椅等在内的一般教学设施，还要求学校配备体育场馆、各类运动设施、各类运动器材。

二是复合性特点在体育教学心理环境方面的表现为，体育场馆与体育场均为组织和开展体育教学活动的关键性场所，学习场地反映出了由小到大的特征，同时使师生之间、学生之间的人际关系朝着更复杂的方向发展。

（2）目的性和计划性

目的性与计划性是教师塑造和设计高校体育教学环境必须达到的要求，严禁教师以随意的态度设计体育教学环境。在组织和开展高校体育教学活动的过程中，教师往往会参照教学目标、学生身体发展状况、学生心理发展状况的特点以及体育教学的规律来塑造和设计体育教学环境。由此可见，目的性和计划性是高校体育教学环境的显著特征之一。

（3）科学性和可调控性

科学性特点的表现为：塑造体育教学环境不是随意而为的，要求教师参照具体的目标和需求，科学地论证、选择、加工、提炼体育教学环境的各项组成要素，由此塑造出良好的体育教学环境。

可调控性特点的表现为：在高校体育教学的实践活动中，教师要想使学生的身体素质和心理素质得到大幅度提升，就必须全面分析并联系体育教学活动的实际需求以及体育教学环境出现的各项变化，在最佳时间段内完成对体育教学环境的调节工作与控制工作。

（4）规范性和教育性

体育教学环境是教育学生的专门性场所，需要肩负起教书育人的责任，因此体育教学环境的各个方面都需要达到规范性要求。另外，体育教学环境为教师组织和开展体育教学活动提供了物质条件以及舞台，与体育教学环境的其他功能相比，学校、教师以及学生更侧重于体育教学环境的教育功能。

（5）自发性和潜在性

综合分析能够发现，学生体育学习与体育教学环境存在着不可分割的联系，学校是体育教师开展各类体育教学活动不可或缺的场所。因为体育教学环境有主体知觉背景，所以其刺激程度往往会有所减小，这就使得体育教学环境具备了暗示性特点。一般来说，高校体育教学环境都是在潜移默化中影响学生的。

（6）对学生影响的双重性和双向性

体育教学环境中的信息具备矢量性特征，这项特征详细表现为：体育教学环境能够对体育教学目标产生指向性影响，对学生完成各项学习活动有推动作用；

当体育教学环境和体育教学目标是相互背离的关系时，往往不利于学生参与并完成各项学习活动。除此之外，学生并不是被动地接受体育教学环境对自身产生的作用，学生同样能够对体育教学环境产生反作用，具体就是能够对体育教学环境产生正面作用或者负面作用。

3. 高校体育教学环境的功能

（1）健康功能

健康功能着重反映在身体方面和心理方面。因为体育教学环境是师生长期工作和学习的专门性场所，所以，体育教学环境一定会或多或少地作用于师生的身心健康，体育教学环境的实际状况对师生的身心健康都有直接影响。由此可见，学校有必要全面发挥体育教学环境的积极作用，确保师生能够在最有利的体育教学环境中完成相应的教学任务与学习目标。

（2）指导功能

高校体育教学环境的指导功能是指充分发挥各类环境因素的综合性影响，带动学生主动接受一些具体的价值观以及行为准则，为学生向社会要求的方向发展注入动力。体育教学环境不仅能把社会主流文化的精神取向以及价值取向反映得淋漓尽致，还能把全社会在广大学生身上寄托的希望和目标反映出来。良好的高校体育教学环境，不仅能够指引学生的思想与行为健康发展，还能使学生产生不良行为习惯的可能性降到最低。

（3）激励功能

高校体育教学环境的激励功能包括以下几部分：增加体育教师的工作热情；充分调动学生完成各项教学目标的积极性；促使教师的教学效率和学生的学习效率都有所提高；促使高校体育教学工作的总体质量都获得大幅度提升；体育场馆、体育器材设备、学习氛围等均可激励体育教学活动。

（4）陶冶功能

良好的体育教学环境对学生起到陶冶情操、净化心灵，促使其形成优良品质和良好行为习惯的作用，就是所谓的陶冶功能。学生的思想观念、道德品质以及行为习惯都是在某种环境下逐步形成的，所以不难发现，环境对学生全面发展产生的实际作用。

众多体育教学的实践活动表明，当校园环境和体育教学环境都达到特定要求后，往往能够发挥陶冶学生情操、促使学生形成优良品质的正面作用。由此可见，高校塑造良好的体育教学环境存在很大的必要性。

4. 高校体育教学环境的构成要素

（1）物理环境

①体育教学场所和设备。和其他学科相比，组织和开展体育教学活动的场所具备独特性特征，该场所不只是教室，还有篮球场、网球场、场地周边的花草树木等。

一般来说，常规性设备与体育器材设备是体育教学设备的常见类型，前者包括图书和多媒体设备等，后者包括球类和各类健身器材等。对于体育教学活动来说，体育教学的场所和设备不但是有序开展体育教学活动的必备条件之一，而且是体育教师在最短时间内高质量完成教学目标的一项影响要素。

②体育教学的自然环境。学校附近的地形、草地、阳光、声音等均为体育教学的自然环境，这些自然环境能够对体育教学的教学效果产生很大的影响，因为体育教学往往会把室外场地当成开展场所。因为体育教学的自然环境瞬息万变，同时人类改变自然环境的力量相当有限，所以，学校和教师应当在体育教学过程中严格遵循因地制宜的原则，采取科学的方式开发和利用现阶段体育教学的自然环境。

③体育教学信息。体育教学过程的实质就是不同类型的信息互相传递和接受的过程。作为参与体育教学活动的教师和学生，均有责任扮演好信息的输出源角色和接受源角色。一般来说，体育教师输出信息均为详细的体育教学知识和运动技能，这不但能提升学生学习理论知识和运动技能的实际效率，还能使学生逐步产生健康情感。除此之外，具体到学习过程中各种形式的信息，一般学生能够利用部分手段向教师以及其他学生提供反馈信息，由此确保体育教师在最佳时间段内得到学生的反馈信息，在此基础上尽早把既定的教学安排调整至最优。

一般来说，体育教学的各环节都会涉及很多方面的信息。深入分析体育教学信息的内容可知，发挥主导性作用的内容是体育学科知识的相关信息、维持和管理体育教学秩序的相关信息。全方位探究体育教学信息传递过程可知，本体信息与反馈信息均属于比较常见的内容，本体信息就是体育教师在教学实践中传递给学生的涉及教学内容的信息；反馈信息就是能够对本体信息传递过程产生调节作用和控制作用的控制性信息。立足于体育教学信息本质的视角来分析，能够得出有效信息与干扰信息是体育教学内容的两个组成部分，有效信息对达到教学目标的信息有积极影响，干扰信息对达到教学目标的信息有消极影响或者对达到教学目标产生干扰信息。

④班级规模。一个班级的学生人数就是所谓的班级规模。班级规模不但能对体育教学活动产生深远影响，还能对学生的综合成绩、学习主动性、具体情感产生深远影响。通常情况下，建议学校和教师合理调控班级规模，班级规模过大和过小都会降低教学质量和教学成效。倘若体育教学过程中的学生人数超过正常范围，不但会增加体育教师的教学难度，而且会增加体育教师在教学过程中遵循和落实因材施教原则的难度，必然无法满足不同的需要。

在体育教学过程中，应该把一个班级的学生人数控制在20～40人，但仅有部分经济发达地区达到这项标准。学校班级规模往往和许多项因素存在联系，所以要想尽快解决这项问题，就必须在体育教学过程中开展分组教学。

⑤队列与队形。队列与队形不仅能充分体现师生之间的空间位置关系，还能直接作用于教师和学生的沟通、学生的学习积极性、学生课堂学习行为，某些情况下也会影响学生的体育课成绩。在体育教学活动的各个环节，体育教师往往能够自由选择队列队形。体育教师对队列队形进行选择和编排时，一定要参照详细的教学任务以及教学内容，一定要保证队列队形对师生的沟通和互动有积极作用。

（2）心理环境

心理环境是指在体育教学过程中，将无形特征和动态特征融合于一体的软环境，主要由以下几个方面组成：

①校风与班风。学校内部产生并形成的社会氛围，即所谓的校风。校风、教风、学风、班风、领导作风之间存在十分紧密的关系，是学校集体行为风尚的类型之一。班风是指班级全体成员在交往过程中逐步产生的具有共同性的心理倾向。班级一旦形成班风，就会在潜移默化中约束全体班级成员，使全体班级成员受到直接影响。

从本质上来说，校风和班风都是具有无形性特征的环境因素，两者都能够通过包括舆论和内聚力在内的多项无形因素来作用于学生的学习态度、价值观以及具体的学习行为，且在体育教学活动方面发挥着积极影响。

②学校体育传统与风尚。学校体育传统与风尚具体是指学校在体育层面形成并盛行的集普遍性特征、反复性特征、稳定性特征于一体的集体行为风尚。

良好的学校体育传统和风气会在潜移默化中影响学生，常见的影响是推动学生逐步产生积极向上的体育态度、学习兴趣以及良好的体育锻炼习惯，使学生的体育文化素质得到大幅度提升。建设学校体育传统和风尚的心理过程往往会涉及很多方面的因素且有很大难度，不但要求教师选用的方式方法达到多元化要求，而且要求教育者分配很多时间和精力完成设计工作与管理工作。

高校体育教学的众多实践活动都表明，学校体育传统和风尚的形成过程由孕育阶段、整合阶段、内化阶段、成熟阶段组成。一般来说，整个形成过程也是从多数成员被动接受或者半被动接受体育行为规范逐步过渡到所有成员积极接受体育意识和行为的变化过程。学校体育传统和风气一旦形成之后，就会对学生的体育行为产生无形约束，对学生群体产生正面的心理控制作用。

③体育课堂心理气氛。班集体形成的发挥主导性作用的态度和情感的综合状态，即体育课堂心理气氛。教师和学生的心境、态度、情绪波动等均为体育课堂心理气氛，积极的、消极的、对抗的心理气氛是体育课堂心理气氛的主要类型。在时间持续向前的状况下，体育课堂心理气氛也会随着时间的推移逐步发展和形成，以后会逐步过渡到稳定状态。

多数学生对教学目标与教学任务的认同，对体育教师提出的详细要求、对工作作风和工作状态的满意状态、师生之间以及学生之间的实际关系，都会对体育课堂心理气氛产生很大影响。积极向上的体育课堂心理气氛能够大大增加教师和学生之间的信息交流以及情感交流，能够在很大程度上刺激并调动学生的学习动力，对学生逐步具备挑战自我的勇气和智慧产生积极影响。

④体育教学中的人际关系。人际关系就是人们在社会交往中产生的心理关系。具体到体育教学实践中比较常见的人际关系是师生关系、学生与学生的关系，这两类关系共同构建出了体育教学过程中人际互动的整个过程，不但会直接作用于

教学氛围、体育教学反馈以及学生参与体育教学的积极性和热情，而且会作用于体育教学的实际成效。

体育教学实践中的人际关系不同于其他教学中的人际关系，它有着很强的实践性，且更加直接。产生这些差异的原因是教师环节的限制已经被体育教学突破，这极大地拉近了师生之间的距离以及学生之间的距离，使得这两种关系朝着更加紧密、更加自由的方向发展。除此之外，体育活动中的团队协作发挥着至关重要的作用，将教师和学生之间以及学生和学生之间的相互协作摆在了尤为重要的位置上，不仅能促使体育教学人际关系更加和谐，还能使学生的社会交往能力大大增强。

⑤体育课堂常规。体育课堂常规是指体育教学实践中为完成课堂任务向教师和学生提出两者都需要达到的要求。例如，体育课对教师服装与学生服装提出的要求，体育课开始时师生相互问好等。虽然从表面上看体育课堂常规的作用很小，但其能够产生深远的教育意义，能够对教师和学生的课堂行为产生很大的约束力。

（二）高校体育教学环境的塑造

体育教学环境的好坏对体育教学活动是否能有序开展有很大的影响。体育教学产生的深远影响之一就是加快体育教学目标的达成速度。要想把体育教学环境的价值全部挖掘出来，只能结合体育教学的实际状况，以较为科学的方式打造高校体育教学环境。换句话说，学校和教师有必要对体育教学环境中的相关因素进行选择、组合、控制以及改善，并且能够及时地发现体育教学环境中的消极因素，对他们进行适当的调整、压制和清除，逐步使体育教学环境达到预期的要求。

1. 高校体育教学环境的塑造原则

立足于全局来分析，塑造高校体育教学环境一定要把学生身心发育情况、学校体育教学的实际条件、体育教学情境提出的详细要求都考虑在内，具体的塑造原则如下：

（1）教育性原则

学校是一个比较特殊的环境，这是因为学校这个环境存在简化、净化、平衡化、精神化以及以人为中心的特征。著名教育家苏霍姆林斯基说过："孩子在走廊墙壁上、教室里以及活动室时常看到的所有都会对其精神面貌的形成产生深远影响。"

由此可见，学校和教师应当分配充足的时间和精力设计与优化大型体育场馆以及体育宣传橱窗等，把体育教学环境的教育意义全部挖掘出来，激发学生思维、提高学生学习热情、陶冶学生艺术情操，进而为教师和学生塑造最理想的体育教学环境，确保学生在潜移默化中受到体育教学环境的熏陶。

（2）人文性原则

在塑造体育教学环境的所有环节都一定要坚持以人为本，换句话说就是所谓的人文性原则，这项原则的含义突出反映在以下两个方面：

一方面，在塑造体育教学的物理环境时，应当着重体现出对学生的人文关怀，如定期全面检查体育教学周围活动环境是否存在卫生问题以及安全隐患，分析并判定体育活动需要的服装与体育器材有无符合学生生理方面的特征。

另一方面，在塑造高校体育教学环境的各个方面时，都应当竭尽全力为学生营造以学生为主体的良好氛围。教师要同时扮演好学生的师长以及朋友角色，通过多种手段向全体学生投入关爱。

（3）科学性原则

科学性原则的含义是：第一，塑造体育教学环境时，应当把出发点设定为体育教学目标以及体育教学内容的具体状况和特点，尽可能地达到体育教学活动的各个方面的要求；第二，在筛选、调控，改造体育教学环境的各阶段的过程中，应当兼顾并符合运动学、心理学、生理学、学校社会学、学校德育等层面的基本原理；第三，塑造高校体育教学环境时要考虑到学生性别差异以及所处的年龄阶段，从而想方设法地满足学生在体育学科上的实际需求，同时可以联系实际状况来分析和探究学生个性发展需求。例如，体育教师在完成学生体育器材设备的设计工作与优化工作时，一定要把学生身心发展特征有机地结合在一起。

（4）实用性原则

塑造高校体育教学环境一定要以学校的经济条件以及多个层面的状况为依据，以经济、实用、有效为主导思想，使所有环节都贴合体育教学的目标。我国幅员辽阔，各地区在经济、社会、教育等方面的发展状况都有或多或少的不同，各学校针对体育教学环境的设计、建设、优化都有独特之处，其中物理环境建设方面体现得尤为显著，体育教学的物理环境一定要达到因地制宜的要求，不然就会使关注形式和外表、忽视本质和特色的问题发生。以建设高校体育场地为例，就需要和学校的地形、地貌等特点充分结合起来，挖掘并发挥学校现有条件的作用，由此塑造出别具一格的高校体育教学环境。

2. 高校体育教学环境的塑造策略

（1）高校体育教学物理环境的塑造策略

在现阶段，体育教学的物理环境对体育教学活动发挥着多元化作用，尤其是对体育的场所和设备的影响最大，体育教学物理环境既要让体育教学的基本要求达到满意的水准，又要使开展不同类型的课余体育活动的需求达到满意的水准。因此，塑造高校体育教学环境时一定要立足于整体，考虑学校教育以及学校体育的需求，将体育教学物理环境的教学功能、休闲功能、娱乐功能、审美功能等的作用发挥得淋漓尽致。高校体育教学物理环境的塑造策略包括以下几个方面：

①和谐美观策略。学校和教师对体育教学的场所和设施进行创设时，应当着眼于全局来规划，使各个方面都达到合理、协调、美观三个方面的要求。和谐美观策略的具体含义如下：

要保证体育教学的场所和设施与学校其他建筑和设施处于协调、映衬的关系。以高校体育馆为例，其应当与学校其他建筑的功能、布局以及色彩搭配相互映衬，并由此组成和谐一致的有机体。

体育场馆和体育设施作为体育教师开展各类教学活动必备的条件，应当达到协调一致、简洁美观的双重要求。以篮球场和足球场为例，两者应当在布局与间隔距离上达到科学、便捷的要求。学校和教师在布置场地器材时，应当事先预防干扰现象产生，实际布置不但要为开展管理工作提供便利，还要层次清晰、有条不紊。在颜色搭配方面，体育场所与体育设施要科学、美观，应当符合学生的心理特点。

体育教学场所与设施要充分符合学校以及学校附近的自然环境。对体育教学场所和设施进行设计和优化时，就应当兼顾并发挥学生现有的自然环境，如高校可以在学校的小山坡设计攀爬项目或者越野跑项目。与此同时，绿化工作是高校塑造体育教学物理环境过程中的一项重要工作，科学绿化有助于学校打造生机蓬勃的体育教学物理环境。

②安全卫生策略。具体来说，安全卫生策略就是学校和体育教师在设计与优化不同形式、不同种类的体育教学物理环境时，一定要通过多种手段达到安全第一、总体卫生的要求，从根本上减少体育教学物理环境对学生健康水平的影响。高校要想保证体育教学环境安全，需要达到以下要求：

要从各个方面杜绝体育教学场所和体育教学设施存在的隐患，使用各类体育教学设施之前要保证安全检查工作与清理工作均已完成。例如，师生应当仔细清理体育教学场地的石块，采用多方面措施避免危及学生身体健康的情况出现。

当体育教师对队列队形进行设计、编排、变换、调动时，一定要认真、全面地完成安全方面的工作。例如，体育教师向学生讲授投掷运动的相关知识时，应当要求全体学生的站立方向相同，尽可能避免学生面对面站立。

要想确保高校体育教学物理环境对学生健康成长产生积极影响，教师设计和优化体育教学场所以及体育教学设施时应当充分考虑卫生方面的问题，从各个方面检查并排除其潜在的卫生隐患。例如，学校以及体育教师应当保证体育教学的场所和设施达到干净、无灰尘的要求，定期对游泳池进行换水和消毒。还需要补充的是，教师选择体育教学自然环境时，应当设法避开恶劣的天气以及存在空气污染、水污染、噪声污染等问题的环境。

③突出特色策略。对高校体育教学的物理环境进行塑造时，一定要挖掘与利用高校现有的环境条件，尽最大可能创设出别具特色的体育教学物理环境。

在绝大多数情况下，当学校所在地域和现有条件有所不同时，环境条件不可避免地会有或多或少的不同，最终对高校体育教学物理环境的数量、质量、类型带来一定影响。以体育教学物理环境为分析对象，每一所学校都是优劣并存。例如，尽管经济发展速度较慢的农村学校没有完善的体育设施，但具备自然资源丰富、场地空间大的优势，所以通过科学的塑造手段往往可以满足师生的要求。

由此可见，如果高校能够充分联系本校的体育教学环境、现有经济水平以及具体需求，则可以大大加快塑造和完善高校体育教学物理环境的速度。例如，针对我国北方冬季持续时间长的气候特点，北方的高校可以考虑适当增加室内体育场所的数量或者设计与优化“冰雪”。任何一所高校都应当采取多种方式设计、塑造出独特的体育教学物理环境。

④筛选提炼策略。筛选提炼策略是指调节与控制体育教学环境时，有必要对各个方面的信息进行选择、加工、提炼，对各个方面的信息实施最大化控制，推动体育教学信息产生的正面作用达到最大化，更加高效地服务于广大学生的身体和心理发展。

截至目前，各类大众媒体和计算机网络都是体育教学的信息源，这些信息源都对体育教学活动产生了不可忽视的影响。举例来说，大学生在追捧 NBA 球星的过程中会使体育方面的态度和兴趣以及情感在无形中产生变化。但大学生在大众传播媒体和计算机网络中得到的信息并非都是正面信息，其中不乏一些负面信息，这些负面信息往往不利于组织和开展体育教学活动。一般情况下，因为一些学生辨识正面信息和负面信息的能力比较弱，所以，教师有责任筛选和舍弃各类负面信息，从根本上改善高校体育教学课的教学成效。当体育教师为学生筛选与提供正面信息后，还应当运用最切实可行的教学方法指导学生明辨并处理各类信息，从根本上增强学生辨识并抵制负面信息的能力。

⑤变通调适策略。针对体育教学实践中较难改变的体育教学环境，体育教师应当利用变通策略或者调适策略来提高体育教学效率，并由此推动学生均衡发展，这种较难改变的教学环境主要为自然环境。

一般来说，改变体育教学活动的自然环境的确有很大难度，如未建设室内体育场所的学校往往不能在雨雪天组织学生参与体育教学活动，但并不意味着教师要终止体育教学活动或者组织学生在室内学习文化课，反之体育教师可以组织学生在合适的场地参与不同形式的体育教学活动。

除此之外，班级规模也是改变难度大或者无法迅速改变的一项要素，体育教师要想从根本上改善体育教学成效，建议其采取变通的手段，如体育教师进行分组教学、全年级统一编班上课等。换句话说，体育教师应当积极选用多元化手段来变通与调适体育教学实践中的具体因素，更加有效地优化体育教学环境，满足体育教学需求。

（2）高校体育教学心理环境的塑造策略

以体育教学物理环境为比较对象，塑造体育教学心理环境的内容更加多样、难度更大、耗时更长，短时间内获得理想成效的可能性较小。高校体育教学心理环境的塑造策略如下：

①建立正确的舆论与规范。舆论和规范可以产生群体性压力，可以对高校学生的心理和行为起到显著作用。当出现群体压力时，部分人有可能会否定自己的观点，在此基础上采取和绝大多数人一致的行为，即从众。舆论和规范是一把“双刃剑”，正确的舆论和规范往往可以对个体正面作用并使其作出正面行为，反之会对个体负面作用并使其作出负面行为。由此可见，体育教师应当想方设法为广大学生塑造良好的体育教学心理环境，而达到这项目标的首要任务是促使班级形成正确的舆论与规范。具体来说，建立正确舆论与规范的要求主要包括以下两个方面：

一方面，体育教师应当考虑舆论与规范能否充分适应群体成员，尽最大努力争取到绝大部分成员的意见，使得群体舆论和规范与成员的个人价值趋于一致。

另一方面，作为一名体育教师，应当把群体舆论和规范与社会规范的一致性兼顾在内，确保全体学生均有能力妥善处理自己和群体之间的关系。在体育教学的实践活动中，体育教师要有意识地结合体育教学内容的特征，正面引导与培养班级舆论和规范。

②形成和谐的人际关系。在体育教学的实践活动中，师生之间以及学生之间平等、和谐的关系能够对优良体育教学心理环境的产生发挥很大的正面作用。良好人际关系得以建立的一个重要基础是平等互爱。在体育教学活动中，体育教师和学生的人格平等能够使学生在掌握各项知识和技术的过程中从行为上与教师产生共鸣，由此将学生在身体方面和心理方面的潜力以及创造力调动出来。体育教师的行为对构建良好的人际关系有决定性作用。参与体育教学的教师应当达到以下几个方面的要求：

第一，真诚。要想感染并激励学生，必须确保体育教学充满真诚。体育教师的言行举止都应当发自内心，避免自己表现得做作和矫情。

第二，挚爱。挚爱是师生关系融洽的基础。教师应当热爱、尊重、关心学生，用爱心包容学生，同时扮演好良师与朋友这两种角色。

第三，尊重。作为一名体育教师，应当把尊重学生的人格与权益、坚信所有学生都可以成才当成教育的基本信条。设法对学生的自尊心予以保护，对学生保持足够的耐心，掌握好言语方面的分寸，将对学生的伤害控制到最小。

第四，平等。教师对全体学生都应该一视同仁，坚决不可出现厚此薄彼的态度或行为。在体育教学中，体育教师应当以鼓励和表扬为主，将学生的学习积极性全面激发出来。

需要补充的是，体育教师也有必要引导与鼓励学生积极沟通、相互协作，同时选用最有效的教学组织形式为学生营造良好的沟通氛围。

③加强体育课堂教学管理。各类实践活动均表明，课堂管理严格能够在无形中影响学生，同时对体育教学心理环境产生影响。如果教师可以坚持贯彻各项课堂常规且率先达到各项规定提出的要求，则会对学生健康成长产生不可估量的影响，甚至会影响学生的一生。对于设法改善课堂教学管理的体育教师来说，务必把发挥基础性作用的行为规范定位成开端，立足于这个视角展开剖析和探究，贯彻体育课堂常规也是切实可行的策略之一。

因此，每一位体育教师都应从小事做起，运用多种方式使体育骨干产生的积极作用达到最大化，从而推动学生充分达到自我管理的各项要求，促使学生的自我约束水平得到大幅度提升。

④营造宽松、和谐、民主的体育课堂氛围。体育课堂氛围是体育教学心理环境的重要组成部分，通常学生的体育兴趣、体育喜好、体育动机等均产生于特定的体育课堂情景和气氛中，好的体育课堂氛围一旦形成便会产生很大的感染力，推动学生不断前进。由此可见，营造良好的体育课堂氛围能够加快体育教学目标的实现速度，详细的营造策略如下：

第 ，通过多种途径使学生逐步形成主动参与体育学习的态度与习惯，学生积极参与课堂学习能够大大增加营造出良好课堂氛围的可能性。

第二，在体育课堂教学的过程中，体育教师应当达到“眼观六路，耳听八方”

的要求，要及时抓住来之不易的、积极的即时情境，同时利用这些即时情境塑造良好的体育课堂氛围，促使课堂教学的环境质量得到大幅度提升，对教学过程中产生的消极偶发事件进行妥善处理，使得消极因素对正常教学气氛产生的干扰最小化。

第三，体育教师要把体育教学活动中的人际情感交流置于重要位置，由此使师生之间、学生之间形成情感共鸣。在体育教学活动中，教师应当及时向学生提供关爱和帮助，从而使学生的学习积极性充分调动起来，塑造师生彼此激励、彼此鼓舞的良好情感氛围。

第四，体育教师要积极变换角色，从根本上调整和完善过去的角色，有效激励学生大胆质疑、大胆创新，时刻提醒自己营造出民主的课堂学习氛围。

⑤善于处理突发事件。在体育教学实践中教师意料之外、突然发生的事件，就是所谓的突发事件。当体育教学过程中出现突发事件时，教师应当及时、妥善地处理，否则将不利于维持正常课堂秩序，干扰已经营造出的课堂氛围。但是，如果教师能够及时、有效地处理这些突发事件，将会更加高效地优化体育教学心理环境。

当体育教学过程中出现突发事件时，体育教师应当保持头脑冷静，选择并运用最恰当的方式，尽可能将突发事件的负面影响控制到最小。与此同时，教师处理突发事件时难免需要对学生实施适度责罚，但教师运用批评的手段时必须要摆事实、讲道理、以理服人，态度切莫粗暴，尽最大可能防止因责罚某位学生而出现“涟漪效应”。

⑥充分发挥榜样和典型的作用。在塑造高校体育教学心理环境的过程中，教师应当充分发挥榜样的作用。对于体育教学过程而言，榜样主要是指体育教师的个人魅力以及学生之间真实存在的人和事。

体育教师人格魅力往往能对学生产生不可估量的影响，为此，体育教师应积极利用自身个性、意志品质、教学风格等为学生塑造良好的学习氛围。因为教师往往能对教学心理气氛产生很大的渲染力，同时良好的体育课堂氛围主要源自体育教师的以身作则，所以，教师应当率先达到自己对学生提出的各项要求，身教在多数情况下比言教发挥的作用要明显很多。

还需要补充的是，体育教师应当把学生富有主动性特征的个性行为置于关键层面，如刻苦学习、遵守纪律等良好行为常常会在教师认可的基础上转化成全体学生争相学习的行为，如此会对班级形成良好的文明氛围起到积极作用。

第四节 高校体育改革历程与现状

一、高校体育教学发展的研究对策

要在以后激烈的竞争环境中表现出色，不被社会所淘汰，必须具备优秀的身体和心理素质。对于众多大学生来说，参加高校体育课能够有效培养身心健康，是一个锻炼身体和心理的重要途径。

随着时代发展的进步和信息爆炸的加剧，知识的更新速度也在逐渐加快。根据形势的发展，高校体育教学存在的问题对教学发展的影响程度必定会继续增强。因此，必须采取切实可行的措施解决上述问题，改善现状，以促进高校体育教学的发展。

（一）提高我国高校体育教学的管理水平

我国高校体育教学的某些问题与学校对体育教学的管理关系密切。因此，为了解决这个问题，有必要提升高校体育教学的管理水平。作为一项综合性很强的管理工作，体育教学管理对管理人员提出了较高的要求。管理人员必须在解决教学过程中出现的问题的同时，提供必要的环境和条件，以确保教学的顺利开展。通常来说，体育教学管理包含多个方面，如教学计划管理、教学质量管理以及教学秩序管理等。只有管理团队全力以赴地履行职责，才能保障教学系统的正常运转，为体育教学打造良好的环境和氛围，从而推动体育教学的进一步发展。

（二）重视体育课程的更新与教学模式的创新

要提高体育教育的质量，需要关注体育课程的更新和教学方法的创新。这两方面的工作应该一起进行。一方面，课程开发和教材编写需符合终身体育的理念。体育教学的两个基本前提条件是课程建设和教材体系构建：在课程建设方面，需要根据系统设计、科学选择和整体推进的思路，侧重于推广教材建设的不同特点，在追求广泛意义的前提下开展工作。在教材体系的设计中，可以考虑为学生增加一些新颖的项目，诸如高尔夫、攀岩、保龄球等，丰富学生们的体验和经历。另一方面，创新教学模式。随着体育教学目标的转变，传统的教学方式已经不再适应时代要求，因此需要持续创新教学模式，以让学生在体育学习中不断领悟体育的魅力。

（三）优化学校体育教学环境

由于体育教学存在鲜明的特点，因此必须重视体育教学环境的升级优化。环境是体育教学活动的必要条件，高校体育教学活动的进行离不开环境的支撑。教学的实体条件包括场地、器材等方面的硬性设施，是对教学产生直接影响的因素之一。要做好工作，必须先有好的工具。为了满足当前高校体育教学的要求，必须根据教学规模及学生人数的需要，增加体育经费投入，加强硬件设施建设。特别是在目前高校招生规模扩大的背景下，为确保教学质量，必须强化场地和器材的设施建设，创造良好的教学环境，以满足教学要求。

（四）加强高校体育教师综合素质的培养

教学活动的主体是教师，而一个优秀的教师综合素质的好坏直接影响到教学质量。因此，高校需要重视体育教师的综合素质培养，这是非常重要的。首先，学校管理层应在教师选拔中注重高校体育教学事业的发展，继而提高选拔教师的标准；其次，随着社会形势的变化，体育教师需要不断更新教学观念，创新自己的教学方法，以确保体育教学始终具有趣味性和愉悦性；最后，学校和教师都应该高度重视体育教学的研究状况，并将其放在恰当的位置上，以此推动我国高校体育教学的不断进步。

（五）科学实施考核评价方式

科学的考核评价方式对于体育教学的发展至关重要。它不仅有助于保持教学稳定并有效实现教学目标，还可以推动教学不断改进。然而，在发挥考核评价体系作用的过程中，选择适合的评价方式非常关键。合理的评价方式不仅是一种评判手段，也可以作为一种推动力。因此，考核评价方式的设计以学生在课堂中展现的能力水平、进步程度和所面临的提高难度为主要评价要素。只有采用这种方法，才能激发学生对体育运动的学习热情，也只有这样才能让学生彻底领会体育运动的意义，从而在体育课堂上获得更丰富的体验和乐趣。

综上所述，随着我国体育运动的逐渐壮大，高校将不可避免地加强对体育教学的要求。因此，我们必须加强对当前高校体育教学发展影响因素的意识，全面分析其影响，并根据分析结果提出改革策略，全方位地培养学生德、智、体等方面的素质，促进我国体育运动的持续发展，为向社会输送高素质的人才贡献力量。

二、高校体育改革历程

（一）高校体育教学改革发展的基本经过

1. 在教学方法方面

高校的体育教学一直受到苏联教学理论的影响，侧重于传授知识和技术细节，忽略了个性化和人性化的培养。教学方式倾向于通过讲解和示范，纠正错误动作，缺乏足够的动感和灵活性。难以激发学生的热情和积极性，导致很多学生对体育课失去了兴趣。自改革开放以来，各大高校在体育教学方面进行了大量的尝试。其中，打破自然班由学生自主选择运动项目的选项课成为重要的一环，曾推行了循环练习法、西方的发现法、程序教学法、成功体育教学法。然而，有些方法由于缺乏广大教师的认可而逐渐淡出。体育项目的多样性和技术复杂性使得否定一种教学方法或过度赞成另一种教学方法都是错误的，重点在于如何科学地运用这些方法。

2. 在教学模式方面

各地高校在不断学习和尝试中总结出了多种教学模式，如并列型、三段型、分层次型、俱乐部型等。尽管有些教学模式备受学生欢迎，但它们对场地器材和师资力量的要求较高。目前，像分层次型和俱乐部型的教学模式只有在设施较为完善的重点高校才能实现。

3. 在教学评价方面

通常采用的评估方式主要是终止式评估，随后逐步转向采用诊断式和形成式评估，以及采用形成式和终极式评估相结合的方式。诊断式评估是为了了解学生在学习某一教材之前的现有知识和技能水平，以便制订合适的教学计划和选择适当的教学方法；形成式评估是指在教学过程中及时发现问题并获得反馈信息，以便及时改进教学工作；终极式评估是对某个教学阶段进行的全面评价，旨在确定教学达到的最终水平，并且可以为下一阶段的诊断式评估提供依据。

总体来讲，我国的教学改革正在从不成熟到逐步成熟的过程中，并且一路上经历了很多曲折和挫折。从一开始的借鉴国外的理念，到现在根据我国国情进行的探索，目的是让当代大学生在身体、心理和社会适应能力方面得到全面发展。

（二）我国高校体育改革努力方向

1. 树立正确的体育思想

大学生学习体育的终极目标是提高身体素质和促进健康，而不是追求更快、更强的目标。第三次全国教育工作会议强调了“健康第一”的思想，这意味着我们需要将体育锻炼和健康教育相结合，在教学中运用体育教学的原则、手段和方法，帮助学生实现身心健康和良好的社会适应能力的目标。高校体育课程目标的多元化势必会引发教学指导思想的多样化，因此，在高校体育课程改革中，应遵循“健康第一”和“终身体育”思想的指导，遵照《全国普通高等学校教学指导纲要》规定的体育课程目标来树立相应的体育教学指导思想，同时减少竞技运动的教学模式的使用。当然，重点不是忽略运动技能的教学，而是要在教学中精心挑选技能，运用恰当的方法和手段进行教学，注重学生身心的全面发展，重视运动技能学习的核心要点。

2. 贯彻“以人为本”理念

在体育教学改革中，需特别关注学生的全面发展需求和情感体验，强调学生在学习过程中的主体地位，促进学生主动参与体育训练、快乐轻松地锻炼身体，尽可能地激发学生的自我动力和积极性。

3. 优化教材和教学方法

高校在课程设置改革中适当减少必修课比例，增加选修课比例。同时，应加强课外体育锻炼的规划和执行，构建以健康为核心的体育课程体系，使学生深刻认识到运动的重要性不仅仅在于提升运动水平，更重要的是掌握科学的健身方法。为了促进学生的健康，高校可以引入适合学生的体育休闲项目，并且努力提高他们参加体育活动的热情，鼓励他们积极参与锻炼，不断发挥自身的能动性和创造力。此外，高校转变教学体系，摒弃以灌输和教导为主的方法，将教学重心转向引导和启发，实现以学生为中心的教学，激发学生内在学习动机，进而达到从“对我教学”到“我自愿学习”的转变，从“简单地学会”到“习得一种学习的能力”的改变。同时，应致力于采用多样性方法和工具，确保学生在已有的基础上获得持续的进步。帮助学生享受运动的乐趣，并通过创造条件让他们体验运动成功的满足，以此来引导他们提高对体育的意识并形成自觉锻炼的好习惯。

三、高校体育教学的现状分析与优化

（一）我国高校体育教学现状

1. 我国高校现行的体育教学指导思想

目前，我国高校体育教学所采用的理念是以提高全民的身体素质和健康水平为目标的。学校应秉持以健康为导向的指导思想，切实加强体育教育工作。每个从事体育教育工作的人都有责任将学生的健康放在体育教学工作的首要位置。世界卫生组织明确了定义：“健康实质是在身体、心理和社会方面都完美的状态，而不仅是没有疾病和虚弱。”

2. 目前我国高校的体育教学模式

近几年来，高校体育教育工作者采用“面向全体学生”的方法，并强调“健康第一”的原则，致力于推进终身体育，摸索“愉快体育”“成功体育”“俱乐部体育”等教学模式。这些探索为高校体育教学方案的更新提供了成功的实践经验。

3. 我国高校体育教材内容体系的现状

课程的教学内容和方法都是由教育的指导思想所决定的，这也会直接影响教育的质量和效果。随着全球教育改革的持续推进，许多体育工作者积极探索适合高校发展的体育课程和教学方式，并取得了显著进展。

4. 我国高校体育教学方法、体育教学手段的现状

在当今21世纪，全球教育趋势已经从单纯地注重“教”向注重“学”转变。在这种趋势下，“教法”变得至关重要，“学法”则成为教育的核心，教育界也把探索“学习”问题放在了教育改革的核心位置。因此，妥善地处理教学、学习和应用之间的关系，是达成教学目标的主要方法。若未经过教育的学习，只会是没有目标的失误。而没有学习的教育，仅仅是强制性的个人判断。只有将教育和学习融合在一起，深入理解“师生相长”的含义，才能真正体现人类学习的自由本质。在高校体育教学过程中，教师们已经意识到了个性发展与创新能力对学生发展的关键性质，这对于学生的自主思考和自我创新能力的培养产生了积极影响。

（二）当前我国高校体育教学改革对策

1. 加强综合能力培养

高校体育教学改革的关键之一是培养学生“终身体育”的观念，提高他们的全面能力，这应作为重点内容之一。这就需要在高校体育教学中注重构建目标体系，解放思想，倡导“以人为本”的现代教育理念，对创设宽松的育人环境、培养大学生个性、提高学生的综合实力等方面进行创新改革，以此培养适应社会发展和需求的高素质人才。此外，还需要加强对学生研究方法和实践技能的培养，同时加强毕业论文和设计方面的指导，确保学生的科研能力得到实质性提高，从而为他们在就业市场上打好科研基础。

2. 完善体育教学课程体系

首先，需要考虑到学生的学习兴趣和社会现实，强调健美操、乒乓球、排球和羽毛球等适合休闲体育项目的教学，以提高学生对体育课的兴趣。

其次，应该构建一个科学、合理的教学体系，在高校体育教学中将素质教育和健康教育纳入基本要求，以几个主要块组成现有的课程体系，分别是基础理论部分、娱乐健身部分、技术技能部分以及竞技训练部分，学生可以自由选择适合自己兴趣和条件的课程。这样做可以同时满足大学生身心的需求，并且帮助他们掌握运动技能，为以后持续进行体育锻炼奠定坚实的基础。

3. 推动法制观念教育

为了加强大学生的法制观念教育，除了开设《公共法律基础》之外，大学还应该加强对《体育法》和《学校体育工作条例》等法律法规的学习。同时，需要结合实际情况，提高学生对学习法律知识重要性的认识。由于体育课程几乎是最容易发生伤害的学科之一，因此，在课程中需要特别注意安全问题。除了教学过程中可能存在的主观因素外，体育运动所固有的客观特性也会增加运动损伤的潜在风险。虽然人类的主观行为可以最大限度地减少这种可能性，但它无法完全消除。

4. 增加建设投入

增加经费投入，以改善高校体育教学的物质条件，是适应社会进步、未来高等教育和科学技术快速发展，并满足当代大学生健康需求的重要措施。

5. 加强体育法制化管理

高校体育的发展速度直接受制于管理水平的科学程度，加强体育法制化管理工作，强调法治的重要性成为高校体育的持续健康发展的保障。我国已经制定了一系列的体育法规，高校可以根据自身的具体情况制定一些符合实际要求的规章制度，进一步完善和提高管理水平，推动高校体育事业的发展。

6. 建立健全动态评价体系

要完善学生体育课成绩的评价方式，各高校需建立一个动态评价体系。即除了考虑成绩以外，更要关注学生在体育锻炼过程中的表现，也就是说考试内容的评价方式应更侧重于过程性评价。此外，考试形式也应该摆脱传统单一的模式，采用多种形式进行评估，例如技能和技术测试、实践比赛测试和理论测试等。同时也可以运用多种评价形式，包括学生自我评价、学生互相评价、小组评价以及教师评价等，这些评价方式可以结合在一起。

7. 重视师资队伍建设

教师的教育背景和专业技能将直接关系到学生的成长和对知识的掌握水平。增强教师团队建设，全面提升体育教师的综合素质，这不仅是进行素质教育的重要手段，更是我国高校体育教学改革的基础要求。高校体育教师需要不断提升自己的专业理论知识、技术水平和教学能力。除了教学能力、组织能力和训练能力外，教师还应具备自学能力、创造能力、科研能力和审美能力等方面的强项。只有当教师具备了上述综合能力，才能真正发挥他们在素质教育中领导作用，并推动我国高校体育教学的发展。

第二章　高校体育教学方法的信息化应用

本章主要论述高校体育教学方法的信息化应用，分为多媒体技术应用于高校体育教学方法、慕课应用于高校体育教学方法、微课应用于高校体育教学方法、翻转课堂应用于高校体育教学方法四部分。

第一节　多媒体技术应用于高校体育教学方法

一、多媒体教学技术的特征

（一）多维性

所谓的多媒体技术的多维性特征，主要指的是多媒体教学技术所拥有的对信息范围进行处理的扩展与扩大空间的能力，而此种多维性职能能够变换、加工、创作输入的信息，使输出信息的表现能力得到提升，其显示效果得到加强。例如，在高校体育教学开展的过程中，利用多媒体系统进行辅助，不仅能够保证学生对文本知识的学习，使其对静止图片进行观察，并且在多媒体技术的支持下，学生能够清楚地观察、了解体育教师的动作演示，使高校体育教学效果得到加强。

（二）集成性

所谓的多媒体技术的集成性特征，主要指的是多媒体技术能够将不同类别的多种媒体信息有机地进行同步组合，例如声音、文字、图像等，进而促进多媒体完整信息的相册。此外，集成性还存在另外一层含义，指的是对这些多媒体信息进行处理的工具或者设备的集成，包含视频设备、储存系统、音响设备、计算机系统等的集成。总而言之，集成性指的是在提供的各种设备上将各种媒体紧密地进行关联，使文字、声音、图片与音像的处理实现一体化。

（三）交互性

所谓的多媒体教学技术的交互性特征，主要指的是人和人之间、人和机器之间、机器和机器之间的交互活动，也就是人和机器进行对话的能力，也就是使用者同机器之间进行沟通的能力。这也是多媒体计算机系统不同于传统音响、电视机等家电设备的地方。根据实际需要，人们能够选择、控制、检索多媒体系统，同时，还能够参与到播放多媒体信息与组织多媒体节目的行列中。传统的只能对编排好的节目被动接收的电视机形式已经被打破。

（四）数字化

所谓的多媒体教学技术的数字化特征，主要是指在多媒体计算机系统中，各种各样的媒体信息都是以数字的形式在计算机中存放，并得到处理。多媒体技术是在数字化处理的前提下被建立的，例如，以矢量方式储存与处理的图形、以点阵方式储存与处理的图像、以数字编码方式储存与处理的音频和视频。在数字化技术发展的背景下，多媒体教学技术得到了广泛的传播与发展。

除了上述的四种主要特征，多媒体教学技术还有其他的一些特征存在，通常来讲，还拥有分布性、综合性与实时性等特征。所谓的实时性特征，主要指的是对于同时间相关的处理，如声音与视频信号等的处理，还有人机的交互显示、操作与检索等操作都存在实时完成的要求。所谓的分布性特征，主要指的是基于多媒体数据多样性的存在，在不同的时间与空间都会存在它的素材，并且在不同的领域中得到了广泛应用。所以，对于多媒体产品的开发，在离不开计算机专业人才参与的同时，更加需要的是听、视专业的人才。而多媒体计算机系统存在比较明显的综合性，它不仅能够综合集成各种媒体设备，同时还能够综合集成各种信息，使他们成为整体，促进综合效应的产生，不再是单兵作战，而是文字、图片、声音与音像的有机组合。

二、多媒体在高校体育教学中的应用优势

多媒体教学技术通过文字和图形的形式，同动画、音频与视频相结合，将体育课程的教学内容进行立体的显示，具有表现形式和表现手段丰富多样、灵活多变的特征，充分体现其独特的优势。

（一）更新高校体育教学观念

高校体育教学的传统教学模式是以教师的教为重心，在高校体育教学应用多媒体技术，能够使此种传统高校体育教学模式发生改变。体育教师在进行授课的

过程中，对现代化的多媒体教学手段进行了应用，同时还需要人机交互活动与学生间交流活动的开展，使学生的体育参与意识得到激发，将体育多媒体教学的教学思想进行了展现，即以学生的“学”为中心。这都能够极大地促进高校体育教学方法的实践性与多样性变革，改变学生体育知识与体育技能的学习思路与方式。

（二）提高高校体育教学质量

在体育课程的传统教学活动中，教师主要应用的教学方式是讲授为主，挂图等展示方式为辅。在实践课中则需要体育教师进行讲解与示范，在主观条件与客观条件的约束下，很难做到完全规范、标准的技术动作示范，在较短的时间内，学生们正确的动作概念也很难形成，只有体育教师才能够反馈出学生的体育学习状况，而这样的高校体育教学效果也是可想而知的。

多媒体高校体育教学的实施使得上述的状况得到改变，在文字与图片的辅助下，体育课程的抽象概念得以具体化、形象化，通过计算机，教师能够对难度较高的体育技术动作进行模拟演示。而在对速度较快、结构复杂的技术动作进行讲解与示范的过程中，取得的效果将会更加明显。在多媒体技术的支持下，通过慢动作学生对这一系列动作进行清晰的感知，促进相关体育概念的形成与动作要领的掌握，方便进行模仿与掌握，使得高校体育教学的效率与效果得到极大提高。

（三）改善学生体育学习效果

多媒体技术能够使人的视觉、听觉等多种感官系统得到刺激，促进大脑不同功能区域交替活动的开展，促进体育学习内容生动化、形象化的发展，增强高校体育教学活动的趣味性与直观性，方便学生对体育技术动作的理解。多媒体技术对字体、色彩、图表、音乐、动画和闪烁等多种表现手段进行了综合利用，保证“声图并茂”“有声有色”，使得高校体育教学内容的艺术表现力与强烈的感染力得到增强，使高校体育教学的课堂氛围得到活跃，特别是多媒体高校体育教学资料中对肢体和谐美、力量美与技艺美的体现，使高校学生对体育的功效与个性的社会价值取得真正的认识，使他们的求知欲与体育学习的热情得到激发，进而使学生的体育学习兴趣与体育课堂教学的质量得到有效提高。

三、多媒体 CAI 在高校体育教学中的应用

（一）我国 CAI 的发展现状

目前，CAI（计算机辅助教学）正迎来一个多媒体大面积教学的时代，即使用先进的计算机技术、多媒体技术、网络技术、通信技术和设备，“让最好的教师面向最广大的学生的时代”。所以，保证 CAI 课件大数量、高质量的发展具有十分深远的意义。

（二）多媒体 CAI 的发展趋势

对近年来在 CAI 中多媒体技术的应用情况进行综合分析，可以得知多媒体 CAI 的应用存在三个方面的发展趋势，具体内容如下：

1. 网络化

计算机技术的不断发展，尤其是网络技术的迅猛发展，使人们的生活方式与工作方式得到很大的改变。网络技术的发展需要多媒体技术的支持，而多媒体技术需要在网络中得到应用，进而使网络的表现力得到增强。在网络中应用 CAI 课件，能够保证“最好的教师面向最广大的学生”，进而使多媒体 CAI 的群体教学模式得以实现。

2. 智能化

从功能上来讲，多媒体教学软件与智能教学辅助系统之间存在着互补的关系，如果能够将两者进行结合，那么就能够规避短处的同时而发扬长处，进而使得性能较高的新一代多媒体 CAI 系统顺势而生。如果想要使多媒体 CAI 具备一定智能性的目标实现，那么就不仅仅需要同人工智能领域的知识表达与知识推理紧密联系在一起，同时还需要对学生模型的建构问题进行考虑。在人工智能领域的知识表达与知识推理问题上，需要探求出一种能够与多媒体环境相适应的新型的知识表达方式及与之相对应的推理机制。

除此以外，还能够尽可能地应用方法保证多媒体知识库中导航功能的智能化发展。智能化导航在具备一般导航功能的同时，还能够按照当前学生的知识水平，对学生最合适的下一步路径进行及时的建议，如果学生碰到了困难，就要对学生

进行帮助，等等。

3. 虚拟现实

虚拟现实的英文全称是 Virtual Reality，简称为 VR，属于一种交互的人工世界，需要多媒体技术同仿真技术有机结合，在此种人工交互的情境中对一种身临其境的感觉进行创造。通常来讲，如果想要融入虚拟现实的环境中，那么就需要对一个特殊的头盔与一副特定手套进行佩戴。

在高校体育教学中应用 VR 技术，具有令人十分鼓舞的前景，例如，可以对一个“虚拟物理实验室”的系统进行建造，这种系统能够帮助学生开展各种各样的虚拟实验，如万有引力定量实验等，进而帮助学生深入地了解物理的概念与规律。

（三）多媒体 CAI 相对传统高校体育教学方法的优势

在高校体育教学课堂教学活动开展的过程中，由于高校体育教学内容与高校体育教学任务方面存在着一定的需求，因此，多媒体 CAI 能够科学地、合理地对现代化教学媒体进行选择，并进行应用。同时对于媒体组合开展的系统教学能够进行反馈与调控，从而实现高校体育教学过程的优化。

多媒体 CAI 高校体育教学同传统的高校体育教学活动相比较，存在的优点有以下几种：

1. 随意调用、开展教学活动

在现代化高校体育教学中，计算机能够对大量的教学相关信息进行承载，能够按照高校体育教学的实际需要，开展人机对话，并且能够对各种各样的高校体育教学活动随意地调用、开展。

2. 帮助学生理解动作概念

如果将多媒体 CAI 应用在体育课堂教学过程中，就能够促进力量教学效果的获得。例如，体育教师在对足球理论课进行教授的时候，提到“越位”这一概念，大部分学生对此概念能够很好地理解，然而，在具体的实践中却不能较好掌握。在进行表达的过程中，体育教师可以对画图的形式进行利用，同时还能够对声像资料进行应用，将足球比赛活动中一些典型的与不典型的“越位”镜头编辑在一起，从各个角度出发，向学生及时展示什么是“越位”，同时还要将经过反复多次推敲的解说词列入其中，使学生的各个感官得到调动，从理性上与感性上使学生对这一概念进行理解。

3. 学生可开展自我学习

对于多媒体高校体育教学的使用方法，由体育教师向学生传授，保证学生的体育学习活动不仅能够在课堂上进行，还能够在课堂教学结束后开展，即复习或自学。

4. 提高体育学习效率

在传统的高校体育教学过程中，教师在对跳远动作进行教学的时候，会对学生作出的不规范腾空动作或者是没有达到规定标准的动作进行指正，但是有时候学生可能并没有意识到错误的动作，导致教师和学生之间出现了沟通障碍。需要注意的是，如果想要消除掉此种障碍，就需要在体育教师的悉心指导下，学生对某一种动作一遍一遍地不断重复，并且在不断地重复练习中，对动作的要领不断体会。如果是在学生需要改进某一个成型动作或者使自身运动成绩得到提高的时候，就可能会导致学生具有较低的训练水平与较慢的成绩提高速度。如果体育教师对学生每一次做的跳跃动作进行录制，进行慢动作处理。再组织学生进行观看，使学生对于存在的问题能够及时发现，并予以纠正。还可以利用计算机的处理作用，将一些优秀学生所做的这一动作进行事先的录制，再将两者开展对比，就能够很明显地得出两者之间存在的区别。此外，这套编制的多媒体 CAI 在专业运动员的训练中也同样适用。

5. 提高体育学习兴趣

在传统高校体育教学活动开展的过程中，鉴于单调高校体育教学形式与落后高校体育教学手段的存在，学生由于学习过程反复、辛苦、无聊而产生的不能积极应对学习的心理状态想要调整过来是不容易的，同时，多媒体 CAI 具有的形式是新颖的、变化多样的，不仅能够对学生的心理状态进行调节，还能够有效刺激学生自身的求知欲，从而使学生的体育学习效率得到一定的提升。

综上所述，多媒体 CAI 能够刺激学生的各种感官，促使学生对知识或信息进行最大限度地吸收。多媒体 CAI 在高校体育教学中的应用，促进高校体育教学软件多媒体化的发展，能够使学生心理上的不同要求得到更好的满足。它能够将信息编码成图像，经过同步识别以后，保证高校体育教学文件的声图并茂、绘声绘色、且清晰、便于理解，使学生更加容易接受。

（四）体育多媒体 CAI 课件设计

体育课件的结构主要包含两个主要部分，即原理教学模式与训练教学模式。而对于体育多媒体 CAI 课件而言，总体的结构组成是高校体育教学内容与高校体育教学目标，其主要目标是使学生对体育基础知识和基本技术、技能进行掌握，使学生的身体素质得到增强，使学生的良好思想品德得到培养，促进学生观察能力与模仿能力的提高。而体育多媒体 CAI 课件的主要内容由理论课与实践课构成。

1. 设计步骤

体育多媒体 CAI 在设计的过程中，主要包含四个主要步骤，具体内容如下：

第一，在对体育多媒体 CAI 课件进行设计的第一阶段，首先要对题目进行确定，之所以对题口进行确定，目的在于对课件设计所依据的规范进行了解。

第二，在体育多媒体 CAI 课件设计的第二阶段，要对脚本进行撰写。撰写脚本的目的是对高校体育教学的内容进行安排。主要由具有丰富教学经验的高校体育教师或者作者来负责撰写。

第三，在体育多媒体 CAI 课件设计的第三阶段，需要编制软件，在前两个阶段中还只是纸上谈兵，但是在这个阶段，不再是字面上的，而是课件的实际材料。在这一过程中需要做的工作有两项，即通过对多媒体编辑工具的利用，对多媒体数据进行准确性提高；通过多媒体工具制作多媒体课件，并对相关的程序进行编制。

第四，在体育多媒体 CAI 课件设计的第四阶段，需要测试、检验。当完成了体育多媒体 CAI 课件的开发、设计工作以后，就需要进行测试、检验。主要目的在于对体育多媒体 CAI 课件的运行情况进行测试，从而对课件能否达到规定的目标进行测验。

2. 选题原则

体育多媒体 CAI 课件具有的特点与优势是非常强大的，然而，有时候也会有相对的不足与局限存在，因此，在教学任务进行的过程中，不能对体育多媒体CAI课件过分依赖，还应该对高校体育教学目标、高校体育教学条件、高校体育教学资源与高校体育教学内容进行考虑，保证选择的最优化，并精心设计。更是要同其他教学媒体紧密联系在一起，组合应用，才能扬长避短，使更加高效的教学系统得以构建。

首先要对体育多媒体CAI课件设计的价值进行考虑，即这堂课是否必须要使用课件。如果传统的教学方式就能够使良好的教学效果得以达成，就没有必要花费大量的精力去对体育多媒体CAI课件进行制作。所以，在对体育多媒体CAI课件的内容进行确定的时候，通常会很难使用语言对高校体育教学过程中的难点与重点进行清晰的表达，在这样的情况下，对于体育多媒体课件的形式进行使用是比较合适的。之所以这样，主要原因是对于体育多媒体课件而言，其自身具备较为丰富的功能，能够将声音、视频、动画、效果汇集在一起，能够更贴切地模拟自然，表现自然，或者是在实验条件的支持下，通过局部放大、旋转与重复等多种方式进行展现，从而有效地突破高校体育教学的重点与难点。基于模拟训练的目标而言，特别是初级训练更是比较适宜对多媒体形式进行应用。体育多媒体具有比较强大的模拟功能，能够有效地实施高校体育教学中的各种模拟技能训练。例如，对于一些进展比较困难的危险实验进行替代，取消周期较长或者代价较高的实验，但是需要去注意的是，在选择高校体育教学内容的时候，应该选择那些不存在演示实验或者是演示实验容易做的教学内容，并且进行使用。

3. 设计原则

（1）体育多媒体CAI课件设计的结构化分析原则

在体育多媒体CAI课件进行设计的过程中，应该对结构化分析原则进行遵循，而这里所说的结构化分析原则，主要是指设计体育多媒体课件的时候应用系统分析的方法，按照结构要素组成对事物进行依次的分解，等到对于所有的要素都能够清楚地进行理解与表现的时候，就能够停止事物的分解了。基于结构化分析原则下的体育多媒体CAI课件，能够将高校体育教学的内容进行层次清楚地表达，纲举目张，不管是从系统宏观来讲，还是对于局部细节而言，所做的认识都是非常详尽的，因此，对于体育多媒体CAI课件中框架的展开与学科内容的设计都能够起到一定的促进作用。

（2）体育多媒体 CAI 课件设计的模块化设计原则

所谓的体育多媒体 CAI 课件设计的模块化分析原则，主要是按照结构化分析的框架图指示，将相同或相近的部分设计成模块，使其相对独立，用模块图表示出单一功能模块的组成的结构，由此对课件系统及与之相应的功能结构进行确定，进而为结构化编程创造良好条件。

诸多实践证明，体育多媒体 CAI 课件的模块化设计不仅减轻了繁杂的内容编程的负担，还可保证课件的风格统一、制作程序化。

（3）体育多媒体 CAI 课件设计的个别化教学原则

在对高校体育教学内容进行选择与组织的时候，应该能够具有广泛的适应性，应该保证某一层次的所有学生都能够使用。同时，根据学生能力的差异，对相应的高校体育教学程序和对策进行设计。例如，学生能够对自己学习内容的深度和广度进行控制，并对自己的学习进度进行确定。

（4）体育多媒体 CAI 课件设计的反馈和激励原则

体育多媒体 CAI 课件应该对于每一个学生作出的反应都能够将与之相对应的信息不论时间、无论地方进行反馈。在体育多媒体 CAI 课件中，要保证友好的交互界面，充分调动学生体育学习的积极性，使学生始终处在良好的学习状态中，同时还要及时、有效地强化高校体育教学的效果，使正向激励的作用得到有效的发挥。

（5）体育多媒体 CAI 课件设计的贯彻教学设计原则

对于体育多媒体 CAI 课件的设计而言，其理论与方法在将体育课堂教学呈现包含在内的同时，也存在体育多媒体 CAI 课件进行设计的方法与原则。在对高校体育教学的结构与内容进行设计的过程中，体育教师不能单纯地依靠传统的方法与经验对高校体育教学结构与内容进行设计，同时还要适当地使用系统的技术和方法，进而对高校体育教学目标进行设计与分析，以及对高校体育教学的诊断工作进行实施。

4. 具体方法

体育教师在开始制作体育多媒体 CAI 课件之前，应该对课件设计工作的重要性进行明确。现阶段，有一些体育教师不能把握住体育多媒体课件的精髓所在，只是一味地追求最新的科学技术，一不小心就将体育多媒体课件的性质进行了改变，使之成为多媒体成果展示，这样是不正确的。之所以会出现这样的结果，主要是因为，教师没有对高校体育教学中体育多媒体课件起到的作用进行明确，需要注意的是，在高校体育教学过程中，体育多媒体课件发挥的作用不是主要的，而是辅助性的。在体育课堂教学开展的过程中，教师仍然发挥着主导作用。只有将体育多媒体 CAI 课件的设计工作做好，才能够制作出更多优秀的课件。所以，在设计体育多媒体 CAI 课件的过程中，可以从以下几个方面进行考虑：

（1）从体育多媒体 CAI 课件的可教性考虑

对体育多媒体 CAI 课件进行制作的主要目的是使体育课堂教学的结构得到优化，使体育课堂教学的效率得到提升，在保证促进体育教师教学的同时，还要促进学生的学习。所以，在设计体育多媒体 CAI 课件之前，应当对其存在的教学价值进行优先考虑，也就是说，对于这堂课是不是有必要对体育多媒体 CAI 课件进行使用进行考虑。通常来讲，如果仅仅使用传统的高校体育教学方式就能够使良好的高校体育教学效果得以实现，那么花费大量的精力对体育多媒体 CAI 课件进行设计就没有必要。所以，在对体育多媒体 CAI 课件的内容进行制作以前，应该尽可能地对那些不存在演示实验，或者是演示实验容易做的高校体育教学内容进行选择、应用。

（2）从体育多媒体 CAI 课件的易用性考虑

对于体育多媒体 CAI 课件而言，应该能够清楚地表达出高校体育教学的目标、高校体育教学的步骤与高校体育教学的具体操作方法，同时，有一点需要注意的是，即使在同本机脱离的情况下，在其他的计算机环境中，体育多媒体 CAI 课件也能够运行成功，因此，需要对以下几个方面具体的内容进行注意：

首先，体育多媒体 CAI 课件应该保证启动比较快速，避免体育教师和学生焦急等待的情况出现；其次，体育多媒体 CAI 课件应该尽可能占据较小的容量，需要注意的是，体育多媒体 CAI 课件越大越好的错误观念必须要更正，伴随网络技术的日新月异，体育多媒体 CAI 课件的运行在网络环境下最好。

对于体育多媒体 CAI 课件而言，其操作界面应该包含一些具有明确意义的按钮和图片，同时还要能够通过鼠标进行操作，对于一些特殊的情况要避免发展，例如键盘操作复杂等。此外，应该合理设置体育多媒体 CAI 课件各个内容部分间的转移，保证方便地操作跳跃、向前与向后等步骤。

对于体育多媒体 CAI 课件而言，在其运行过程中应该保证一定稳定性的存在，如果体育教师在执行体育多媒体 CAI 课件时作出了错误操作，那么就十分容易产生退出的情况，也会出现计算机重新启动的情况。因此，在体育多媒体 CAI 课件具体的操作过程中，体育教师应该尽可能地使死机的情况出现较少，甚至不出现，保证体育多媒体 CAI 课件运行过程中的稳定性。

在体育多媒体 CAI 课件运行过程中，应该保证及时地进行交互应答。而不能将体育多媒体 CAI 课件等同于电影。同时，体育教师应该高度重视学生的学，使学生学习的过程是循序渐进的，为学生留出更多的思考余地。

（3）从体育多媒体 CAI 课件的艺术性进行考虑

对于一个体育多媒体 CAI 课件而言，它的演示在保证良好高校体育教学效果的同时，还应该是令人愉悦的，只有这样才能够将美的享受提供给体育教师与学生。如果上述的两项因素都能够保证，那么就表示这样的体育多媒体 CAI 课件存在着较强的艺术性特征，完美地融合了优秀的内容和优美的形式，值得注意的是，想要实现这两个目标一点也不容易。想要实现这些内容，体育教师不仅应该具备一定的美术基础，还要存在一定的审美情趣。所以，如果在这一方面存在过高的要求，就很难顺利实现。

体育多媒体 CAI 课件的艺术性特征主要的表现是：具有柔和色彩的操作界面，科学合理地进行搭配，画面应该同学生的视觉与心理产生共鸣；为了能够保证将更加逼真的图像呈现出来，可以考虑使用 3D 效果；对于画面的流畅性要作出保证，避免停顿、跳跃的现象出现，需要注意的是，体育多媒体 CAI 课件画面中最多只能存在两个运动对象。此外，不仅要存在优美的音色，还必须采用适宜的配音进行辅助。

5. 创作工具分析

在选择体育多媒体课件创作工具的问题上，如果能够恰当地选择体育多媒体课件的创作工具，那么就能够使得体育多媒体 CAI 课件的具体实施产生更加理想的效果。在本书的此章节内容的分析与研究中，作者主要从以下几个方面简单地分析比较典型的体育多媒体课件创造工具与开发工具：

（1）基本原则

在体育多媒体课件创作的过程中，所选的创作多媒体工具，其主要用途是对用户编排、制作各种各样的节目能够起到一定的促进作用，多媒体的创作工具在向用户提供的过程中，通常是交互的设计环境与易懂、通俗的高级编著语言，如此一来能够为用户编制各种内容提供便利。如果在体育多媒体 CAI 课件设计过程中，恰当地选择多媒体创作工具，那么就能够保证体育多媒体 CAI 课件的效用得到最大限度的发挥。

①高效原则。在体育多媒体课件创作的过程中，将会对多媒体的开发、创作工具进行应用。对于多媒体开发、创作工具而言，存在的特点主要有：容易实现、具有丰富多样的效果、较高的媒体集成度、看到的就是得到的，在体育多媒体课件备课问题与课件开发的开展方面，具有十分明显的效率优势，这一点传统“语言”系统是做不到的。

②易用原则。对于同一种知识而言，如果通过 1000 名教师进行教授，就会存在 1000 种不同的教学方式。而体育多媒体课件的实际操作具有简单、便捷、方便、容易使用等多项特征，如果想要体育教师真正地接受并使用他们，就需要体育多媒体课件的使用方法在较短的时间内被体育教师所掌握，即便这个体育教师对于程序设计一窍不通，甚至是对于计算机的操作也了解甚少。

③开放原则。在高校体育教学开展的过程中，可以使用的素材是富有变化的，因此，体育多媒体课件必须要拥有一个几乎被所有多媒体格式都能兼容的体育多媒体课件创作开发平台，在能够提供或者应用各种各样高校体育教学素材的同时，还能够支持各种各样输入的设备格式。此外，还应该保证存在的所有素材都能够得到充分利用，自己的产品不管是在哪一台计算机中都能够适用。

④价廉原则。体育多媒体课件创作工具选择的价廉原则，是一种共同要求，在任何一个领域中都适用。当前“质优”是必要的前提。

（2）创作工具

在体育多媒体教学课件创作的过程中，选择体育多媒体创作工具的时候必须要对其存在的功能进行了解。通常来讲，体育多媒体课件创作工具具备的功能有很多，例如，为体育多媒体的编程营造良好氛围；多媒体数据管理功能；超文本功能；超媒体功能；对于体育多媒体数据的输入和输出都能够有效地支持；连接各种各样应用的功能；友好的用户界面；制作、编排动作的功能。

在体育多媒体教学课件创作的过程中，如果体育多媒体的创作工具存在于不同的界面中，那么就会存在不同的创作特点与创作风格，同时，每一种都会存在其各自的不同优点与缺点。但是，如何对这些界面不同的创作工具进行选择，主要依据是个人的偏爱与需要完成的创作任务。例如，如果仅仅是对学术会议的报告与研究生答辩内容进行制作，那么就不需要通过更加复杂的编程软件来完成制作，只需要对幻灯创作工具进行选择、使用就可以了。但是，有一点需要进行说明的是，如果想要针对某一个领域中的教育教学软件进行制作，以便于更好地辅助个别化教育训练的开展，或者是实际操作的练习中使用，那么就应该选择具有较强交互性的多媒体创作工具。对于几种比较常见的多媒体创作工具，作者进行了如下的分析：

体育多媒体课件创作过程中的幻灯式多媒体创作工具，一般来讲是一种呈现以线性为主的体育多媒体创作工具。而此种创作工具在应用中就是通过一系列的幻灯片的排列来对过程进行呈现，也就是按照顺序分离并展示屏幕。而此处所提及的幻灯片，可以是简简单单的文字幻灯片，也可以是简单的图像幻灯片，还可以是由声音、图像、文字、视频或者动画等多种要素结合在一起的体育多媒体课件复杂组合，有一点需要强调，此种体育多媒体课件创作的幻灯式多媒体创作工具，在开始使用之前必须要存在一个预先设置完整的展示程序。

对于体育多媒体课件创作的幻灯式多媒体创作工具而言，其某一些特殊功能能够将一定程度的交互提供出来，再按照一定顺序立体化体育多媒体教学课件界面中存在的键盘操作、鼠标操作与按钮操作，在对体育运动技术动作进行设计的时候，必须要借助动作按钮的功能，完成超级链接。此外，也可以打开一些外部的程序。幻灯式多媒体创作工具中比较典型的就是 PowerPoint，其显著特点就是简单、易学、易用。能够将一个创作展示的完整软件环境展示出来，不仅包含集成工具、格式化流程、绘画，还包含了其他多种选项。此外，对其包含的许多模板，可以直接进行调用，但是，此多媒体创作工具也是存在缺点的，即只存在简单的交互，甚至是缺乏交互，并且存在的交互只是在幻灯的线性序列的点之间进行跳转。在学术报告、汇报与演示过程中对此种幻灯式多媒体创作工具使用较多。

书页式多媒体创作工具的主要特点是，将相关的高校体育教学内容制作成一本书的形式，当然也存在“页”，并且这些页像书稿一样，也有一定的顺序存在。而上述的这一特征同体育多媒体课件创作的幻灯式多媒体创作工具是比较近似的，但是两者之间也肯定会存在一定的差别，即在页与页之间也能够有效支持更多的交互形式，给人一种身临其境，能够浏览真实书稿的感觉。书页式多媒体创作工具的典型是 Tool Book，此软件能够对应用程序进行想象，使之成为具有很多页的书籍，在它自己的窗口中可以对每一页的内容进行画面展示，有大量的交互信息与媒体对象包含其中。可以说，书页式多媒体创作工具与幻灯式多媒体创作工具相比，在结构方面，交互能够在一页内完成，显示出更加丰富的特点。对于 Tool Book 来讲，在一个独立存在的窗口上，每一次只能显示出一个的内容。因此，在应用程序中的实现智能只能是利用页面不同的显示才能够完成。此外，还能够在打开某一本书的某一页内容的时候，同时打开其他的书籍，所以，对于更加复杂化的一个层次结构的建立，可以进行充分的考虑，也就是所谓的书架式的应用程序。对于此种书架式的应用程序而言，其原理在于在书架上，将多种多样的事物当作一本书进行放置。

比较典型的创作工具就是 Tool Book，是由 Asymetrix 公司负责开发的。Tool Book 是水平较高的面向对象开发的一个环境，它能够将面向对象的一种程序设计语言 OpenScript 提供出来，两种相关的信息可以通过这种语言在一起链接，从而对于各种任务的完成起到一定的促进作用，例如可以用于动画声音、计算数字、播放图像等。此种体育多媒体课件创作工具的特点，一般在其对应用程序的组织方面体现出来。此种创作工具具有较强的超级链接能力与超级文本能力。对于 Tool Book 而言，如果按照使用的角度对其进行划分，就能够分成两个主要层次，分别为 Tool Book 的作者层次与读者层次。从读者层面上而言，用户能够执行对书的各种操作，同时阅览它的内容；从作者层面上来讲，设计者能够使用命令来实现对新书的编写；在修改对象或者程序中各个页次对象等的时候可以对调色板与工具箱进行利用。

时基模式创作工具，一种常见的多媒体编辑系统，主要将时间作为基础，此种编辑创作工具制作出的内容近似于卡通片或者电影。时基模式创作工具通常是利用看得见的时间轴来对显示对象上演的时间段与事件的顺序进行确定。在这样时间关系存在的情况下，它的出现形式可以是许多的频道，从而能够使多种对象得到安排，同时呈现出来。通常在这样的系统中会有一个控制面板的存在，主要是为了对播放进行控制，一般来讲就像是常见的录音机与录放像机，主要包含了演出、快进、倒带、前进一步、后退一步、停止等按钮。

对于网络模式创作工具而言，它可以允许程序组成一个自由形式的结构，即可以任何一个地方到另外的任何一个地方。同时，它存在着不固定的结构与呈现顺序。在利用网络模式创作工具进行创作的过程中，仍旧需要作者建立自己的结构，也就是说作者需要尽可能多地完成工作。但是，在所有模式的多媒体创作工具中，此种创作工具是一个存在多种层次的，比较适宜建立的应用程序。比较典型的软件是“Media Script”，能够从应用程序空间的任何一个对象使用户随意地跳转向其他的任何对象，访问是完全随机的。网络式的实现可以对任何一种程序语言进行利用，然而，它存在较高的计算机方面的要求，首先需要作者至少是一名程序员。

对于程序员来讲，他们在编程方面比较擅长，通常对于多媒体编辑创作系统的限制及依赖工具箱产生对象的方式很难接受，所以，想要他们对多媒体创作系统进行应用，完全地丢弃掉他们所熟悉的语言创作工具是非常困难的，几乎不可能实现。在这样的情况下，不仅要适当地保留传统语言的特征，还要对于设计程序过程中所涉及的环境进行改进，使之能够向可视化操作的系统转变。如果这样的话，就能在程序编写的过程中，使程序员在充分利用传统语言的同时，还能够对多媒体开发的工具箱进行应用，并且还能够直接使用工具箱内的这些编码，使之变成能够得到重用的编码。可以预见，此种多媒体创作工具存在的应用前景是相当广泛的。

第二节　慕课应用于高校体育教学方法

一、慕课的概念

（一）授课形式

慕课是一种将在世界各地分布的学习者与授课者通过某一个共同的主体或者话题而联系在一起的方式方法。

几乎所有慕课的授课形式都是每一周话题研讨的方式，并且只会将一种大体的时间表提供给授课者与学习者，一般来讲，慕课课程都不会对学习者存在特殊的要求，一般会进行说明的内容比较简单，例如，阅读建议、每一周进行一次的问题研讨等。

（二）主要特点

1. 规模较大

所谓规模比较大的特点，指的是网络开放的大规模课程，而不是以个人名义对一两门课程进行发布。这里所说的网络开放的大规模，通常是指那些参与者发布出来的课程，这些课程一般会被人们称作是大规模的课程或者是大型的课程，慕课的典型形式就是这些课程。

2. 开放性课程

所谓开放的课程，一般会对创用（CC）协议严格遵守。可以说，开放的课程，就能够被称为慕课。

3. 网络课程

网络课程的相关材料通常在互联网上散布，而不是面对面。此种课程的显著特征就是没有上课地点的特殊要求。

二、慕课在高校体育教学中的应用

（一）高校体育教学中慕课的应用价值分析

自慕课引入我国以来，已经过了很长的一段时间，同时对于此种新式的教学方法许多的学校都开始进行尝试，然而，慕课在高校体育教学方面的应用非常的少。实际上，慕课的教学方式在高校体育教学方面也是非常适用的。

随着社会网络的日渐发达，人们每一天都会上网，不管是对网页进行浏览，还是刷微博，必须承认的是网络在现代人们生活中承担的责任越来越重要，而对于慕课的应用而言，就是对于此种现状进行利用，在学习开展的过程中充分利用网络条件。

除此之外，作为一种学习方式，慕课还具备一定的主动性特征，任何人的监督与强迫都不会对其发生作用，按照自己的个人兴趣爱好，使用者可以选择、学习自己喜欢的运动。同时，慕课所拥有的资源范围是非常广泛的，在高校体育教学开展过程中对慕课进行应用，教师和学生还可以实现对国外高校体育教学资源的分享与使用。

现阶段，学校体育课的开展形式主要是体育教师授课，学生接受学习，即高校体育教学课堂教学中，教师首先进行讲解、示范，之后学生再进行练习。然而，我国大多数中小学、高中体育课的开展时间一般是45分钟，当体育课的准备活动做完以后，由体育教师进行体育技术动作的讲解与示范，一堂体育课的时间已经耗费很多，学生们的练习活动无法在剩下的时间展开。对于这个问题，慕课就能够很好地进行解决。

当体育课堂教学结束以后，学生在课后就能够自行复习。在体育视频中包含真人操作与讲解，能够帮助学生对于白天体育课堂学习的动作进行复习与记忆。尽管高校体育教学时间长达一个半小时左右，学生能够拥有足够的时间去学习、练习体育运动技术，但是，他们只能对每门体育课修习一次，由于基本上每一个学期所要学习的内容都是相同的，而学生会存在差异，不利于部分学生深入学习、练习的开展。

在高校体育教学中应用慕课的教学方式，不仅能够保证学生深入学习活动的开展，还有利于学生自己掌握学习进度。同时，由于慕课中存在的学习资源是非常丰富的，有利于学生寻找到适宜自己的运动方式。例如，对于部分学生而言，可能剧烈的运动不适合他们，所以，他们能够在慕课中对比较适合自己的运动进行寻找，如此一来，不仅能够避免损伤自己身体的情况发生，还能够使体育锻炼的目的顺利实现。

实际上，如今许多家长也比较重视学生的体育锻炼问题，为了保证孩子的健康成长，家长总是喜欢带着孩子从事散步、晨练等体育锻炼活动。大多数的时候，人们通常会认为，只要自己去参加体育锻炼了，那么就会有益自己的健康发展。需要注意的是，如果人们不能应用健康的方式开展体育锻炼的话，那么在浪费了体育锻炼时间的同时，还会在一定程度上造成身体伤害。如果在高校体育教学中应用慕课的方式，那么在体育运动锻炼的过程中，就可以参考标准的动作，去完成体育锻炼，在这样的情况下，就像是一个专业的私人教练陪在自己身边，并对体育锻炼活动进行正确的指导。

（二）慕课应用在高校体育教学中的未来发展

慕课的教学方式来源于国外，在我国的高校才刚刚开始起步，而且有一些内容对于我国高校而言是不适用的，必须进行一定时间的磨合才能够同我国的教学理念相适应。

基于这样的形势，我国大部分高校应该按照自己学校的特点自行录制慕课视频。同时，在录制慕课视频的时候，可以是多个学校的教师共同参与录制、讨论，然后在对多个优秀的视频进行选择，并且上传到网上，方便学生们进行观看、下载、学习。① 由于不同的教师在讲课的风格与方式上也会存在不同，而教师们录制的慕课中包含多个教师的教学课程，那么学生就能够对最适合自己的教师进行选择。此外，这样的方式对于大课参与人数多的情况能够进行避免，还能够有效改善学生听课效果不佳的情况。将慕课应用在高校体育教学中，能够使小班教学的目的得以实现。同时，同一学科由多个教师进行录制，能够使比较与竞争更加容易形成，能够帮助学生对于自己的教学缺点更加仔细地观察，使高校体

① 戴一博，陈静芳．普通高校体育类慕课建设及发展研究 [J]. 运动－休闲（大众体育），2022，（17）：108-110.

育教学质量得到提高。因为慕课在高校体育教学中的应用主要以网上教学为主，所谓的监督制度是不存在的，因此，要求学生的自主学习能力是比较强的。在高校体育教学考核的问题上，计算机考核的方式可以不再使用，体育教师组织学生开展网络学习以后，再安排传统方式的考试即可。只有这样才能够使学生通过计算机检测进行作弊的情况得到有效避免。此外，还能够对于学生通过慕课进行学习的效果进行检测。需要注意的是，对于慕课教学的认识，教师与学生应该摆正。

慕课教学并没有完全地解放教师，例如，在高校体育教学开展的过程中，通过慕课教程开展教学的方式是可取的，然而，如果学生出现一些疑问，也只能是对同一个视频进行观看。因此，教师与学生之间的定期交流应该存在，如此一来，不仅能够使教师和学生之间的感情得到增进，还能够对学生的学习产生一定的帮助。我国对于慕课的应用还处于刚刚开始发展的阶段，然而，在现代网络发展的背景下，慕课的发展是一种必然趋势。将慕课应用在高校体育教学中，能够给教师未来教学的开展带来一定的启示，需要注意的是，在使用慕课方式开展高校体育教学的时候，还应该同国内的高校体育教学情况相结合。

例如，在篮球运动课堂教学开展的过程中，不仅要对手指和脚上的动作进行教学，更重要的是还要将两者的教学活动紧密地联系在一起。因此，在制作相关慕课课程的时候，不仅要将这些动作进行分解，还要有一个规范的整体动作，以便于学生学习活动的开展。查阅相关的文献资料可知，尽管国内已经引入慕课的教学方式，但是慕课在高校体育教学中的应用还不广泛，如果想要对一个体育慕课的完整体系进行构建，那么就需要具备相关的慕课教程。一般来讲，由国外引入的教学资源通常都是外语，存在大量的体育专业名词，导致学生在理解上容易出现困难，面对这样的情况，在制作慕课课程的时候，可以聘请我国国内优秀的体育教师结合具体的教学情况进行制作。此外，针对制作慕课课程的情况，还要对一定的标准进行设定，如果慕课课程没有达到标准，那么就不能被使用，这对于慕课的进步与发展是非常重要的。

第三节　微课应用于高校体育教学方法

一、微课的概念

（一）微课的定义

所谓的微课，主要是指以视频的方式把教师在课堂内外教学活动开展过程中传授的教学环节或者强调的主要知识难点与重点进行展示的一种新型的教学资源。微课具有一些比较显著的特点，即碎片化、突出重点、具备的交互性比较强、能够反复多次使用。微课作为一种全新的教学模式，能够使学生的碎片化学习活动随时随地地展开。

（二）微课的组成

对于微课而言，其组成内容的核心就是示例片段，也就是课堂教学视频。不仅如此，也有同某个教学主题相对应的辅助性教学资源，例如素材课件、教学设计、练习测试、教师点评、教学反思和学生反馈等。在一定的呈现方式和组织关系下，它们共同营造了资源单元应用的“小环境”，而这里所说的资源单元具有的显著特征是主题式的半结构化单元资源，因此，微课同传统单一资源类型的教学资源之间是有一定的差异存在的，主要表现在教学设计、教学课例、教学课件与教学反思等方面。同时，微课与上述的这些教学资源之间存在一定的联系，即微课作为一种新型的教学资源，其发展基础就是上述的这些教学资源。

（三）微课的特点

1. 碎片化

微课视频具有10分钟左右时长，将课程教学过程通过清晰的视频录制的方式进行呈现，一堂传统课堂教学的时间是45分钟，而原有的段状课程在微课的作用下，逐渐向点状课程转变，促进了更加精华、细致课程内容的出现。因此，学生除了课堂的教学的时间以外，还可以利用课外的其他的零散时间，例如，当学生排队等待就餐的时候，可以利用这一小段时间进行学习，所以，微课的显著特点之一就是碎片化。

2. 突出重点

基于学生的学习特点，在微课显著碎片化特点的影响下，对于教师的教学能力，微课也提出了更高的要求。在微课视频的 10 分钟展示时间内，要求教师将严谨的逻辑性进行体现的同时，还要将课程内容的重点与亮点突显出来，真正地抓住学生的学习重点所在，才能够使学生的学习兴趣得到更好的激发。

3. 较强的交互性

微课作为一种新鲜的课堂形式，它的出现在满足学生知识渴求与猎奇心理的同时，还能够有效改善传统教学模式中教学内容单方面输出的情况。在微课教学开展的过程中，教师与学生之间的互动得到加强，不仅及时收集了学生课程学习的兴趣点，同时，对于学生存在的疑问，教师也能够及时进行回答。这无疑会为教师课程后期的设计提供便利条件，使现阶段学生的知识渴求得到一定的满足，进一步提升课程的教学效果。

4. 反复多次使用教学资源

在微课的模式下，学生能够按照自身的实际需要，对体育学习活动随时随地地展开，例如，在课程开始之前，学生可以通过微课来预习运动技能、巩固难点和重点、练习课后的动作等，上述的这些微课学习途径，在进一步提升教学效果的问题上都能够发挥出有效的促进作用。此外，对微课教学模式的使用，还可以使学生课程学习的积极性得到增强。

二、微课在高校体育教学中的应用

由于微课存在碎片化、突出重点、较强的师生交互性与可重复利用教学资源的特征，从体育微课的基本设计原则出发，开发质量较高的体育微课，进一步改善当前高校体育教学的现状，使学生体育运动项目学习的兴趣得到提高，对于体育微课的应用方法要始终去探索，一般来讲，在高校体育教学中，主要会在以下几个方面将高校体育教学中微课的应用体现出来：

（一）微课应用在学生体育需求调研中

鉴于高校体育教学传统模式同高校体育教学内容间存在的关联，在高校体育教学实践活动正式开始前，体育教师应该按照课程逻辑将高校体育教学内容中的难点与重点提取出来，同时还应该同现阶段体育栏目与体育热点新闻相结合，对体育微课进行制作，之后再将已经制作完毕的体育微课利用移动互联网的各种渠道实施学校范围内的广泛传播。通过对微课中学生的点击率与同帖评论内容的考察，体育教师能够有效地评定体育课程内容的合理性，保证体育教师更加深入地了解到学生的兴趣与期待。此外，在前期对体育微课进行传播，能够有效地使学生体育学习的积极性得到调动，使学生更加期待即将要学习的新学习内容，使学生的被动学习行为转变为主动学习行为，进而提升学生的体育参与度。

（二）微课应用在体育课程设计中

对于体育微课而言，它不仅补充了传统的高校体育教学模式，还是多媒体时代下高校体育教学发展的必然结果。微课的逐渐出现，使得原本的体育课程设计得到了全新的定义，因此需要保证体育课程有理有据，有血有肉。在高校体育教学开展的后期阶段，将以往室内体育理论课与室外实践课分开开展的体育课程设计进行改变，将两者进行融合，同时，对于多媒体时代大数据的时代特征进行考虑，在设计室内理论课的时候，可以以教师和学生的信息数据交流为主，使他们的头脑风暴在体育课程中得到掀起，呈现出更加公平、更加自由的体育课程。此外，在这样的形势下，体育教师的教学思维能够得到更进一步的更新，使学生体育学习的热情得到提升。

（三）微课应用在体育课程教学中

一方面，基于体育时事热点与体育课程的新内容等方面，体育教师能够对新颖的体育新课进行设计，并向微课导入，在体育课堂教学开展的过程中，组织学生集体观看，主要的目的在于吸引学生的注意力，激发他们的体育学习兴趣；另一方面，在高校体育教学实践活动开展的过程中，体育教师可以将复杂动作的教学制作成微课，重复地向学生播放，将更加具体、更加直观、更加生动、更加形象的高校体育教学过程呈现出来。

（四）微课应用在体育课后辅导中

对于高校体育教学而言，每一节体育课堂教学的时间是45分钟，有限的高校体育教学时间，要求教师能够面面俱到地讲授内容，想要实现精细化教学几乎是不可能的。一部分学生不能与教学节奏同步或者是学生不能对其所学运动技能充分掌握的情况必定会出现，所以，当体育课堂教学结束以后，教师可以将包含有高校体育教学重点的微课视频向学生发放，以便于学生能够在课堂结束以后，对于已经学习的技术动作进行练习，对课堂上所学内容进行复习，切实保证温故知新，提升学习效果。

（五）微课应用在体育课程分享中

从本质上来讲，分享就是学习，学生们喜欢在朋友圈中分享一些好的视频课程，对身边的朋友、学生进行感染，使学生的学习圈子得到扩大。因此，应该对于一种倡导分享精神的学习共同体进行构建，这样能够保证学习共同体成员之间能够互相督促，对有用的体育学习信息进行分享。例如，将微课应用在体育舞蹈教学过程中，在校园内学生可以对已经学习到的且比较感兴趣的体育舞蹈课进行分享，使越来越多热爱体育舞蹈的学生能够及时地对学习资源进行获取、分享，同时，学生还可以对校园内其他兴趣一致的学生进行自发组织，安排大家一起对体育舞蹈微课进行学习，保证体育舞蹈社团的更进一步发展得到促进，通过对社团活动的有效组织，例如“快闪”等，使学生的课堂学习以外的生活得到丰富。

第四节　翻转课堂应用于高校体育教学方法

一、翻转课堂的概念

所谓的翻转课堂，词汇来源是英文词汇“Inverted Classroom”或“Flipped Classroom”，通常是指调整教学课堂内外的时间，从本质上来讲，就是学习的决定权不再属于教师，而是由学生掌握学习的主动权。在翻转课堂教学模式的应用过程中，学生能够在课堂中有限的时间内更专注的开展学习活动，对于全球化的挑战、本地化的挑战、现实世界中存在的问题，教师与学生一起研究、解决，使得获得理解的层次更加深入。①

在课堂教学开展的过程中，教师不会再耗费大部分的课堂时间去讲授信息，但是在课堂教学结束以后，学生需要自主地完成这些信息的学习，他们可以利用的方法有：听播客、看视频讲座、对功能强大的电子书进行阅读，或者是通过网络同其他同学互相讨论。综上所述，翻转课堂教学模式应用过程中，不管什么时候，学生都能够对自己所需的材料进行查阅。

此外，教师同每一个学生进行交流的时间也得到了增多。当课堂教学结束以后，学生就能够自主地对学习节奏、学习内容、学习风格与知识呈现的方式进行规划，同时学生的知识需要少不了教师对讲授法与协作法的使用，翻转课堂使学生实现个性化的学习，最终的目的是通过实践活动保证学生学习活动的真实性。

二、体育翻转课堂的实施策略

（一）完善平台建设

在线虚拟教学平台搭建的主要目的在于为翻转课堂的实施创造前提和基础，这一平台主要包括教学内容上传模块、师生交流与答疑模块、在线测试与评价模

① 乔纳森·伯格曼．翻转课堂与项目式学习 [M]. 韩成财，译．北京：中国青年出版社，2022.

块、学习跟踪与监控模块以及学习总结与成果展示模块等。体育教师通过这一平台，就可以将与高校体育教学相关的微视频、PPT、各种音频等教学材料向在线虚拟教学平台上传，还可以借助这一平台实现作业发布、在线测验、监控督促、在线交流、在线评价等；学生则可以通过这一平台进行学习材料下载或在线学习，并同体育教师之间实现及时的交流与沟通。

（二）推进机制创新

翻转课堂教学模式下的高校体育教学评价不能限于传统的纸笔测验，评价内容、评价主体、评价标准和评价方法等都应区别于传统教学，否则，翻转课堂的实施就会流于形式。翻转课堂模式下的高校体育教学评价应该把“以评促学”“以评促教”作为评价的主要目的，并将学生的进步程度作为评价的主要指标并注重多元化评价的采用，只有这样，评价才能既有针对性又不失全面性。多元化评价主要表现在评价主体、评价内容、评价方法、评价阶段等方面，紧紧围绕促进学生的学习和促进教师的教学两个方面，最终将提高教学实效作为评价的主旨。

（三）提高教师素养

无论何种教育教学改革，教师始终是改革成败的核心与关键。作为信息化社会的产物，翻转课堂不仅仅是一种先进的教学理念，还是一种先进的教学方法，它对体育教师的综合素养提出了较高的要求。体育教师既是在线虚拟教学平台的搭建者、设计者和使用者，又是教学视频等学习资源的开发者和上传者；既是学生学习与实践的组织者、引导者，又是学生学习成果评价的设计者和评价者；既是学生在线学习情况的监控者和督促者，又是教学设计的完善者。

（四）追求课堂实效

翻转课堂作为一个新生的事物，虽然顺应了信息化社会的时代背景，但还没有形成公认的科学实施模式，各个学科对翻转课堂的研究成果较为丰富，但各类研究也存在很多不足，综合起来主要表现在以下几个方面：

1. 避免弱化教师作用

在翻转课堂模式下，体育教师虽然把课堂讲解与示范的时间让位给了学生，但并不代表教师的作用被弱化了，事实上，体育教师的作用变得更加关键，而不是被弱化。课前教学视频的录制和搜集、教学资料的优化与整合、在线虚拟教学平台的建设与管理，课中体育教师的讲解与示范、学生活动的设计与组织，课后学生学习结果的考核与评价、教学方案的优化与修订等，每一项工作都离不开教师的付出。如果对体育教师的作用过度弱化，学生的学习就会失去系统性和效能，高校体育教学最终难逃沦为“放羊式”的结果。

2. 避免忽略学生监测

对于翻转课堂教学模式而言，“掌握学习”是其建构的重要基础。翻转课堂的有效实施离不开学生的自主学习性。作为现实社会中的复杂存在，学生在课堂教学开始之前的在线学习中，并不是每一次都能够针对高校体育教学内容有效地、自觉地学习。因此，教师有必要对学生进行适当的检测与跟踪，这不仅能够对学生的技能学习和知识学习的完成起到督促作用，还能有效培养学生的自主学习能力。

3. 避免加深学科差距

现阶段，对翻转课堂教学模式的相关理论研究成果与实践研究成绩，主要是基于其他学科的基础研究。在体育学科的理论等方面的研究还并不十分成熟，在对高校体育教学中翻转课堂教学模式的应用进行研究的时候，对于其他学科的实践经验不可避免地要进行借鉴。但是，学科与学科之间的差异是肯定存在的，在其他学科领域比较适用的理论和经验，在体育学科中不一定能够使用。因此，在翻转课堂教学模式进行具体实施的时候，应该要把握好体育学科本质特点，应该有选择地吸收、借鉴其他学科的理论与经验，避免出现生搬硬套的情况。

4. 避免偏离结构本质

实施翻转课堂教学模式的主要目标是在一定程度上提升高校体育教学的时效性，这一点是毫无疑问的。高校体育教学的存在离不开价值的支持与丰富，体育课程教学一种至高境界是对于既正当又有效的高校体育教学进行贯彻，如果过分追求形式而对高校体育教学的效果不够重视的话，那么即便是翻转课堂的教学模式得以实施，也不存在任何的意义。

在高校体育教学改革深入发展的特殊阶段，在广大体育教师积极投身于高校体育教学改革的今天，对于翻转课堂教学模式依然应该谨慎地对其缺陷与优势进行审视，尤其是要避免偏离翻转课堂的本质或过度追求形式的情况。

三、翻转课堂在高校体育教学中的应用

（一）高校体育教学中实施翻转课堂的价值探析

当前，翻转课堂在我国的兴起已经成为不争的事实，但对于翻转课堂的价值进行深入探讨似乎还未引起理论层面的重视。为了更好地应用和推广翻转课堂，对其在高校体育教学中的核心价值予以探讨。

1. 翻转课堂使高校体育教学与信息技术的有机结合得到实现

在信息化社会的今天，学生的生活方式和学习方式发生了深刻的变化，借助手机、电脑等信息化平台进行学习和交流已经成为日常习惯，为适应学生在行为和习惯上的变化，教学信息化在所难免。

翻转课堂作为信息化社会的产物，它使教学与信息技术之间有机结合，高度迎合了学生的日常习惯，改变了传统课堂呆板的模式和形象，使学生的学习变得更加自然和有趣。体育教师通过上传视频、三维动画、PPT 等丰富而直观的教学材料，设置系统有序的学习导航，加上教师对学生客观而有趣的在线评价和在线交流，一个有益于学生身心发展的教学环境被创建出来，这不仅有效增进了师生之间的情感，更提高了学生的学习情趣和自主性，也为体育教师有效组织课中的教学活动奠定了基础，这对于提高高校体育教学的实效性是非常有利的。

2. 翻转课堂有助于实现高校体育教学的精讲多练

学生课中学习和练习的时间总量是一定的，新知识、新技能的学习耗时过多，学生从事体育练习的时间势必减少，体育课的健身性以及学生对知识、技能的掌握和内化就会大打折扣，因此，精讲多练符合体育课堂教学的要求。在翻转课堂模式下，课前，学生通过观看教学视频，对高校体育教学内容有了初步的认知，对体育学习中的难点深有感受，在遇到无法解决的问题时，学生通过在线交流平台及时反映给体育教师，这样教师就会对学生的课前学习情况有所把握；课中，体育教师依据学生所反映的问题进行针对性极强的讲解或个别指导，不需要每个

问题都进行讲解，这样就省去了很多讲解的时间，学生在课中进行体育实践的时间就被延长，精讲多练的目的自然达到。

3. 翻转课堂使高校体育教学要素的优化组合得到实现

从高校体育教学要素的层面上来讲，翻转课堂同传统的高校体育教学模式之间存在的区别并不是很明显。对于翻转课堂而言，它主要是利用科学合理的重构高校体育教学要素来使高校体育教学的效能实现增值的。之所以将翻转课堂判定为一种革命性的高校体育教学方式创新，主要是由于此种教学模式在对高校体育教学要素的各种功能进行准确定位的情况下，体育教师与学生的主体性地位得到了转换，使体育课程的资源得到拓展，促进了高校体育教学目的、高校体育教学方法手段与反馈机制的合理调整，对学生体育学习的良好环境进行创设，进而从质的层面改变高校体育教学的形态与结果。同时，需要注意的是，翻转课堂在组合高校体育教学要素的问题上并不是固定不变的，而是动态的，不是呆板的，而是灵活的。在高校体育教学的实践活动中，按照实际的需要，体育教师对于各教学要素间的组合关系可以随时进行调整以保证特定高校体育教学目的的实现。只有对于这一点充分认识，才能够保证将翻转课堂作为固定范式进行看待，进而使高校体育教学中应用翻转课堂教学方法流于形式的情况得到避免。

4. 翻转课堂能够促进高校体育教学中素质教育的实施

素质教育的主要目的是对于受教育者的综合素质进行全面提高，值得注意的是，综合素质的提升离不开人的全面发展，同时，对于学生个性的培养，也不能忽略。个性的完善，不仅仅是素质教育开展的价值理念，又是素质教育的目标理念，培养个性、促进人的全面发展是素质教育的真谛。

在翻转课堂教学模式应用的过程中，学生的学习目标是统一的，同时，按照学生的具体实际需求，体育教师可以对学生的个体目标进行制定。对在线高校体育教学视频的观看，可以保证学生自主学习的实现，按照学生的学习能力来确定高校体育教学视频的观看次数，而按照学生的学习基础来由学生自主选择观看的内容；从反馈问题的层面上来讲，通过在线交流平台，学生能够将学习中的问题随时向教师反映，同时获得教师的及时教导；从学习评价的层面上来讲，体育教师对于学生进行评价的根据是学生的进步程度，同时将小组评价和个人评价融入最终评价结果之中，这种评价模式有助于让学生明确在学习过程中的优点和不足，并时刻感受到自己在不断提高。可见，翻转课堂这种个性化的教学模式对于学生端正学习态度、激发学习兴趣、提高沟通能力、培养正确的价值观以及促进学生的全面发展都是有益的。

（二）将翻转课堂教学方法引入全新高校体育教学模式

高校体育教学模式主要是指在一定高校体育教学理念、高校体育教学思想的引导与高校体育教学理论的指导下，建立的各种各样高校体育教学活动的基本框架或者基本结构，一般来讲，高校体育教学模式主要包含了多种要素，即高校体育教学理论依据、高校体育教学原则、高校体育教学程序与学习程序、教学资源与实现条件以及高校体育教学效果评价等。将翻转课堂教学方法引入高校体育教学的全新高校体育教学模式具体包含以下几个方面的内容：

1. 翻转课堂引入高校体育教学的理论依据

高校体育教学中应用翻转课堂的教学模式主要的思想基础是“先学后教”思想，对于高校体育教学活动中学生的教学参与与学生的主体性进行强调。从高校体育教学的特征与行为心理学原理出发，特别是对斯金纳操作性条件反射的训练心理学进行考虑，对高校体育教学的程序进行确定，具体是：利用视频学习—对于联系吸收理解—再通过视频回顾—互动反馈—强化实践—学习、掌握，并且在这样循环、反复的高校体育教学过程中，对于行为目标进行有效塑造。同时，按照学习的过程与教学的实际效果，学习主体对体育“教”与“学”的活动过程进行不断完善与创新，促进预期高校体育教学目标与学习目标的实现。

2. 翻转课堂引入高校体育教学程序与学习程序

将翻转课堂教学方法引入高校体育教学的全新高校体育教学模式，其主要基础是优质的交互学习社区与视频资源，因此，可以将高校体育教学程序与学习程序进行如下的设计：对于高校体育教学内容进行预习—对于高校体育教学视频有针对性地进行观看，再进行示范、讲解—使学生学习动机得到激发，对学习过程中的问题进行发现—在课堂教学中由教师对新课进行讲授，对于学生的疑惑进行解答，并进行正确示范—由学生自主进行练习与实践，对体育学习效果进行巩固—对体育学习效果进行反馈，由教师、学生进行评价—通过资源拓展完善、知识和技能结构的扩展，以及反复练习实践对理解与训练效果进行加强。

3. 翻转课堂引入高校体育教学的条件和资源

近些年来，慕课教学平台的快速发展与互联网的广泛普及，便于翻转课堂高校体育教学模式的实施。然而，对于现代高校体育教学来讲，我国的高校体育教学相关视频与学习资料还是相对较少的，所以，体育教师应该从体育课程与教学内容出发，自行制作与设计高校体育教学资源。对于高校体育教学内容而言，主要有理论教学内容与动作讲解、演示的视频，保证体育练习活动的理解性与课余训练活动的实践性，既要有动作示范的要领分析，又要有训练实践的摄像记录视频。此外，还要有拓展性的教学资源和学习资源，以及专题性的研讨问题等。不仅如此，体育教师在组织学生观看教学视频、开展练习活动和训练活动的同时，还要保证在交互社区能够对于学生的疑惑及时地进行解答、讨论与指导。

4. 翻转课堂引入高校体育教学的效果与评价

将翻转课堂教学方法引入高校体育教学的全新高校体育教学模式，其实施能够使学生体育学习的兴趣得到激发，使学生自主发现、学习、探索、分析、解决问题的综合能力得到培养，促进学生技术和技能的提升，同时还能够有效促进学生自主学习能力、社会发展适应能力、互相合作能力的发展与培养。体育教师应该通过交流与活动对学生的学习情况与进度实时地进行了解，还要对反馈信息及时掌握，同时再从所获得信息出发，适当地对学生进行引导，对于学生的学习积极性进行鼓励并充分调动，在高校体育教学与讲解活动开展的过程中，针对不同的学生因材施教。将翻转课堂应用在高校体育教学中的相关活动适宜于小班教学，所以，在大班教学中一般很难实施。而对于学生的评价而言，需要注意的是，它同其他文化课程是不同的，在对学生学习好坏进行衡量的时候，不能单纯地将考试成绩作为标准。在学校高校体育教学中，应该对“健康第一”的指导思想始终坚持，在体育考试的各个环节中渗透“健康”的标准，对于标准化的项目应该适当地减少技能考试，同时还要有效改进高校体育教学的评价标准，尽可能地避免学生由于害怕考试而出现的体育厌学心理与逆反心理。此外，对于学生应该积极地引导，使他们加强对高校体育教学的相关认识，使得学生体育锻炼良好习惯的养成得到促进，并且同高校体育教学目标相适应的人性化测试方法要积极构建。

第三章　高校体育教学模式的改革创新

本章重点论述高校体育教学模式的改革创新，共分为四个部分：高校体育教学模式基本概念及现状、云计算应用于高校体育教学模式、多元反馈应用于高校体育教学模式、社团化教学应用于高校体育教学模式。

第一节　高校体育教学模式基本概念及现状

一、高校体育教学模式

（一）快乐体育教学模式

随着时代的不断进步，学校的教学方式不断演变，旨在满足学生们的多样需求。在各所学校中，体育教学越来越受到广泛关注，其中快乐体育教学逐渐崭露头角。相较于传统教学方式的枯燥乏味，快乐体育注重学生的感受，以更富趣味性的方式进行教学，激发学生参与体育活动的积极性。这种新的教学模式赢得了人们的关注和喜爱，因为能够带给学生更多的乐趣，使体育教学不再沉闷，从而提升了学生的学习积极性。

1. 传统的体育教学模式

传统的体育教学模式可以划分为两个主要类别。一是注重常规身体锻炼的教学模式，旨在引导学生进行简单的体育运动，这种模式在中小学的体育课程中普遍采用；二是竞技式的教学模式，对学生的要求相对严格，主要目标是进行比赛，如运动会、足球赛、篮球赛等。然而，这两种教学方式都过于强调学生在身体上的活动，往往忽视了对学生在体育活动中心理状态的引导和教育。事实上，体育活动与学生的心理状态密切相关。

2. 快乐体育教学模式概述

（1）快乐体育教学模式的概念

快乐体育教学模式是一种基于运动的教学方法，旨在增强学生体能，使其通过体育学习获得欢乐。该教学模式的核心理念是在教学过程中，不仅使学生锻炼身体和掌握运动技能，还能够全面体验运动的乐趣，培养学生对体育实践的认知。在快乐体育教学中，常常将游戏和比赛融入教学过程中，采用初步体验、挑战学习和创造乐趣的模式。这种教学方式没有固定的形式，会随着教学人员和学生的变化而有所不同，但其最终目标始终如一，那就是让学生在体育实践中获得快乐，并实现全面身心的锻炼。

国家的基石是人民，而人民的身体素质对于国家的发展至关重要。只有国民的身体素质达到一定水平，才能积极投身国家的建设。快乐体育教育的目标是让人们能够快乐地参与体育实践，主动追求身心健康。因此，快乐体育在我国社会主义建设中扮演着不可或缺的角色，为国家的繁荣和进步作出了重要贡献。

（2）快乐体育教学模式的起源

我国的体育教学模式正处于不断改进之中，而快乐体育思想也逐渐深入人心。在体育教育领域，从业者通过持续的理论研究和实践探索，逐渐建立了适应现代需求的教学模式。这一模式从过去以教师为中心的传统体育教学方式，转变为以学生为核心的教学模式。目前，快乐体育教学模式在全国各地的学校中兴起，并引起了广泛的关注和重视。

这种兴起不仅反映了传统体育教学体系和方式的改革，也体现了我国对体育锻炼的重新认识和思考。快乐体育教学模式出现的根本目的在于激发学生的主观能动性，调动学生主动进行体育实践的积极性，使学生能够愉快地参与体育活动，并形成锻炼的意识。通过积极参与体育实践，学生不仅可以增强体能，培养协作精神和团队意识，还可以提升身心健康水平，增强自信心和积极心态。

（3）快乐体育教学模式的特征

与传统的体育教学模式相比，快乐体育教学模式具有显著的特征，并建立了一套完整的思想体系，用于指导体育教学的实施。在注重情感教学的基础上，快乐体育教学模式更加关注学生的人格培养和身体教育，强调运动所带来的乐趣，旨在充分激发学生的积极性。通过体验快乐的体育活动，学生能够在积极参与中培养自信心、团队合作意识和社交技巧，同时提升身体素质和健康水平。快乐体育教学模式注重创造积极的学习氛围，使学生在轻松、愉快的环境中学习和成长。这种教学方式鼓励学生挖掘自己的潜力，培养全面发展的个体，为学生的综合素质提升提供了有效的途径。通过这种教学方式，学生能够在快乐的氛围中体验体育活动，并获得全面的发展。

①全面加强的素质教育。开展快乐体育教育对学生的综合发展具有积极影响。

首先，与传统的体育教学相比，快乐体育教学方式的实施不仅仅注重学生的体育锻炼，还注重培养学生的综合素质，不仅仅是让学生进行体育锻炼，更让其乐于参与体育活动，从中获得愉悦的体验。其次，快乐体育教学模式有助于学生在体育锻炼中开发智力，培养体育能力。通过积极参与体育活动，学生能够发展思维能力、创造力和解决问题的能力。最后，快乐体育教育还有助于全面培养学生的素质。快乐体育教学模式注重培养学生的个性发展、道德品质和审美能力，力图使学生成为全面发展的社会人才。通过快乐体育教育，学生能够获得身心的全面提升。

②主观能动性的培养。在快乐体育教学模式中，学生扮演着主体的角色，与传统的体育教学方式形成鲜明对比。学生不再被动地接受教师的指导，而是被赋予更多自主权和主导权。在传统模式中，学生的独立思考和创造力常常被忽视，使其感到受限和压抑。因此，在快乐体育教学中，学生被赋予更大的主动性和参与度，鼓励他们表达自己的想法，激发他们的好奇心和创造力。这样的教学模式有助于培养学生积极探索和创新的意识，促进他们的个性发展和全面成长。现今的快乐体育教学，为学习创造了一种令人愉悦的氛围，这对于激发学生的主观能动性和思维开发大有裨益。与传统的教学方法相比，快乐体育教学更加灵活，根据每个学生的独特特点和优势进行个性化的教学。这样的教学模式让每个学生能够在体育锻炼中找到自我满足的点，同时在全面培养基本素质的前提下促进学生个性的发展。这种教学模式注重培养学生的自主性和创造力，鼓励探索和尝试，使每个学生都能在体育学习中找到适合自己的发展路径，实现个人潜能的充分发挥。

③主动积极的学习。激发学生的积极主动学习态度是快乐体育教学的重要目标之一，使学生从消极厌学转变为积极乐学。主动态度与被动态度之间存在着本质上的差异。以主动态度去接受事物时，心情却会感到愉悦。被动地接受事物时，情绪常常感到压抑，心情也会变得糟糕。这表明了个人主动参与与积极思维对情绪体验的重要性。快乐体育教学通过深入挖掘快乐，实现了从被动到主动的转变，有效激发学生的积极学习意愿。这不仅仅是教学的一部分，还可以在其他课程中广泛应用。只有学生能够主动积极地学习，教育过程才能真正变得令人愉悦。快乐体育教学的核心是激发学生的兴趣、主动性和创造力，通过设计富有挑战性和

趣味性的学习任务，引导学生自主探究和实践，从而培养他们的学习动力和学习能力。

④相辅相成的教学。体育教学与其他学科的教学互为补充，相互促进。快乐体育教学有助于学生拥有健康的身心，有助于他们进行其他知识的学习。学生通过参与快乐体育教学的主要内容，如体育课堂、课间操以及其他课外体育活动，体验到快乐后，会更加愉悦地参与其他课程的学习。

3. 快乐体育教学模式构建及实施策略

（1）实施快乐体育教学模式的原则

在当前的教学工作中，快乐体育教学模式是不可或缺的重要组成部分，其实施过程需要遵循四个原则。这些原则的指导，可以确保快乐体育教学模式的有效实施和学生的全面发展。

①教育性。通过体育教育和思想教育相结合，快乐体育教学致力于为学生提供全面的教育体验，促使学生在各个方面得到充分的发展和成长。

②趣味性。快乐体育教学模式与传统的体育教学模式有所不同，其创造了一个愉悦的氛围，让学生在其中体验体育活动的乐趣和益处。这种教学方式以愉悦为导向，为学生提供了与传统体育教学不同的学习体验。

③激励性。体育教学致力于全面激发学生主动学习的兴趣，以促进个性的发展。在教学过程中，注重激发学生的积极性，使其充分参与并展现个人特长，从而实现全面发展的目标。这种教学方法鼓励学生主动学习，为其个性发展提供了良好的支持。

④实效性。快乐体育教学旨在培养学生良好的学习习惯，并促使其终身参与体育实践活动。致力于在教学初期建立学生的学习基础，培养对体育的热爱和积极参与的态度。同时，最终目标是激发学生的持久兴趣，使学生能够在日常生活中持续从事体育活动，并享受其中的乐趣与益处。

（2）快乐体育教学模式的实施策略

①强调快乐体育的重要性。要真正实施快乐体育教学模式并使其发挥作用，需要注意以下几点：

第一，对所有教师进行培训教育，使之深刻认识到快乐体育的重要性。教师们需要了解快乐体育的理念和方法，以及如何在课堂中营造积极愉悦的学习氛围。

第二，学校管理人员应该调整课程设置，增加体育课的时间安排。相比以往每周一节的体育课，每周增加到两节，为学生提供更多的机会参与体育活动和锻炼身体。

第三，为确保体育教学质量，应对体育教学工作人员进行严格的筛选和选拔，以确保聘用具备专业素养的体育人员。他们需要具备专业知识和技能，并且在教学工作中能够积极引导学生，激发学生对体育的兴趣和热爱。

第四，学校可以组织运动会等活动，将快乐体育的理念融入其中。通过这些活动，学校可以积极鼓励学生参与体育运动，使学生感受到快乐体育带来的乐趣和成就感，从而进一步推动快乐体育教学的实施和发展。

②强调快乐体育教学工作中的主体。在传统的体育教学模式中，教师常常扮演着主导角色，而学生则处于被动接受的地位。这种教学方式过于强调教师的作用，而忽视了学生的主动性和积极性，从而导致学生的学习兴趣逐渐减退，学习效果下降。相比之下，快乐体育教学与传统教学截然不同，注重激发学生的主动性和积极性，以创造愉悦的学习环境。快乐体育教学弱化了教师在教学中的地位，更加注重学生的主体地位。只有当学习者能够积极主动地接受知识并从中获得愉悦感时，教学人员的努力才能事半功倍。此外，教学工作者需要根据学生的实际情况和需求进行个性化教学，积极激励和引导学生，以达到良好的教学效果。这种教学模式能更好地满足学生个体的需求，使其全身心地投入学习中，并享受学习的乐趣。只有在这样的教育环境中，学生才能真正感受到自己的成长和进步，激发出持续学习的动力，为未来的发展奠定坚实基础。

③建立和谐的师生关系。体育教学是一项综合性的任务，教师在教学过程中不仅需要培养学生的身体素质，还要引导他们的思想。在传统的体育教学中，教师扮演主导角色，对教学起着至关重要的作用，学生对教师除了感到敬畏，甚至可能产生畏惧的情绪。与此不同的是，快乐体育教学注重建立和谐的师生关系。在这种模式下，教师与学生之间的互动更加平等和融洽，学生可以更自由地表达自己的想法和感受。教师应积极参与课堂实践，与学生共同参与体育活动，促进有效的师生互动。

快乐体育教学要求体育教师不仅具备优秀的专业素养，还要具备良好的人际交往和教育能力。通过与学生建立亲近的关系，以及个性化的教育方法，教师能够激发学生的学习兴趣和潜力，使他们在快乐的学习氛围中取得更好的体育教学效果。

④有组织地进行体育教学工作。快乐体育教学的核心目标是通过运动，引导学生逐渐认识、热爱并终身参与体育活动。为了实现这一目标，体育教师需要精心设计教学内容，使其合理安排。首先，在运动技能学习中，体育教师要关注学生的情绪，积极引导并鼓励，让学生感受到运动的快乐；其次，有趣的体育游戏激发学生的兴趣，使之在游戏中进行体育锻炼；最后，结合学生关注重点，充分利用每节体育课，增强对体育运动的认知。通过这些方法，快乐体育教学可以培养学生对运动的热情和积极参与，让他们在体育活动中享受到乐趣，并将运动融入终身。

⑤发掘学生个性。传统的体育教学模式过于注重改善学生的身体素质，而快乐体育教学模式则更加关注个性化教育和学生的整体发展。与传统模式相比，快乐体育教学注重激发学生在特定运动领域的潜能，提升独立创造能力，并丰富精神生活。通过快乐体育教学，学生可以在愉悦的氛围中实现身心的和谐发展。

与传统教学相比，快乐体育教学模式在师生互动方面建立了更亲密的友谊关系，为课堂注入了趣味和意义。快乐体育教学不仅关注学生的运动技能和身体素质的提升，更重视学生的快乐体验，激发积极性和主动性。这一独特的优势使得快乐体育教学模式备受关注，因为能够培养学生对体育活动的热爱和持久参与，提高他们的学习动力和终身运动意识。在快乐体育教学中，学生不仅能够获得身体上的成长和进步，还能够享受到学习过程中的乐趣和满足感，促进全面发展和终身受益。

（二）合作学习体育教学模式

在我国的教育改革中，合作学习被提出作为一种重要的教学方式。体育教学作为学校教育的重要组成部分，也应该积极探索如何将合作学习理论应用于其中，充分考虑体育学科的特点和需求。

1. 功能与模式

在体育合作教学模式中，常采用异质分组的方式来组织学生，同时注重保持组间平衡，以提高教学效果。在选择分组条件时，需要根据教学目标的要求，合理选择适当的分组方式，这是提高小组体育教学质量的重要环节之一。小群体的组长是组织小群体体育教学的关键。

2. 基本要求

（1）合作学习教学分组

体育合作学习的教学分组主要以组间同质及组内异质进行。组间同质是指各组组间的学生水平基本一致保持均衡；组内异质是指各组组内成员各方面之间都有一定的差异，主要包括学生性别差异、学生学习成绩差异、学生特长差异、学生体育技能水平差异等方面。同时体育合作学习的分组还要考虑学生的兴趣、意愿等方面。

（2）教学中的教师任务

教师课前在充分了解学生水平的基础上要根据具体教学内容设计相应的教学方法及教学任务，在体育教学过程中进行主导性讲授并对学生进行合作学习指导。

（3）教学中的学生任务

在体育教学中，学生以合作学习小组为基本单位，根据教师布置的任务和要求，充分发挥自己的主动性，可以通过多种途径，通过集体合作的方式来完成教学任务。这种合作学习的方式能够促进学生的参与度和团队意识。

（4）体育课的开始部分

为了增强学生的讲解、组织和示范能力，可以采用体育合作学习小组的方式，让学生轮流担任领导角色，引导其他同学参与准备活动。这样可以培养学生的领导才能和团队合作意识。

（5）集体讲授课

教师根据不同的教学内容合理安排集体讲授和分组合作学习的时间比例，讲解过程要突出重点、简单明了、注重效率。

（6）合作学习小组的课堂活动

在学生进行合作学习之前，教师需要明确以下几点：首先，只有当合作学习小组的所有成员完成了教学任务，整个小组才能算作完成任务；其次，合作学习小组的成员应该相互监督，检查彼此完成教学任务的情况，确保每个人都能顺利完成任务。这些措施有助于确保合作学习的顺利进行和学生的学习效果。

（7）测试与反馈

学生在完成教学任务后，可以参与合作学习小组之间的竞赛或者进行独立性测试。教师会通过竞赛结果或测试对学生进行评价和总结，帮助他们认识到自身的不足之处，以便今后能够进行改进并提升自己的能力和水平。此举旨在激发学生的自我反思和自我成长，使他们能够更好地应对挑战、克服困难，并逐步提升自己的能力和素质。教师的评价和总结对学生而言是宝贵的反馈，帮助他们发现自身的优势和改进的方向，以便更好地发展和成长。

（8）课后任务

根据教学目标、教学要求合理布置课后复习预习任务及作业。

3. 在体育教学中的应用

（1）学生自学

体育合作学习的前提是学生个体学习练习所学动作技能，体育教师要根据不同的教学内容、教学任务、学生水平等方面制定相应的教学目标，要突出教学的重点难点，要求学生根据教师设计的技能学习流程以及个人所创造的新颖动作进行自学、自练并根据个人特点选择场地器材。

（2）小组讨论

学生完成自学后教师要组织学生小组内讨论。讨论时间不要太长，可以根据教学难度和教学内容确定讨论时长。在小组合作学习完成后，还可以进行组间交流，教师可以根据学生的交流结果进行总结、补充并适当进行讲评。

（3）学生自主练习

在学生自学、小组讨论交流以及教师讲评后，学生再进一步练习，提高技术技能以期取得最佳的学习效果。

（4）学生技能展示

学生在完成动作技能学习、练习后每一个小组可以选一个代表在全体成员面前展示学习成果。

（5）综合评价

在体育合作学习小组学习结束后，体育教师需要及时进行综合评价。在综合评价中，重点考虑合作学习小组的活动内容和合作学习的质量。评价的侧重点应该放在小组成员之间的协作与合作情况、活动的实际效果以及解决问题的能力上。教师还可以对每个合作小组的体育技能掌握情况进行评价，激发学生学习的热情，为今后合作学习顺利进行打下基础。

4. 教学评价

对于体育合作学习教学模式的评价可以从以下几个方面进行：首先是体育教师对合作学习小组学生的评价，包括他们在合作学习中的积极参与程度、团队合作能力和个人贡献等方面的表现；其次是合作学习小组学生之间的互相评价，通过评价彼此的合作和贡献，促进他们之间的相互支持和协作。此外，还应注重对体育教学过程中各个教学阶段目标的评价，评估学生在技术动作掌握、运用和创新方面的表现。同时，也要进行对合作学习小组学习情况的总结性评价，综合考虑小组合作效果、学习成果和解决问题的能力等方面的表现。综合这些评价，可以全面了解学生的合作学习能力和体育教学效果，为进一步改进教学提供有针对性的指导和反馈。

通过教学评价和及时的体育教学反馈信息，教师和学生都能够意识到体育教学过程中存在的不足之处。这有助于教师进一步改进教学方法、调整教学内容和目标，以提升教学效果。同时，学生也能够认识到自身在学习过程中存在的不足之处，从而更好地改进和提高。通过相互学习、合作学习提高学习兴趣，获得最佳的学习效果。

（三）俱乐部体育教学模式

高校体育俱乐部课程教学模式研究课题以体育教学的体育俱乐部课程教学改革为基础，旨在探索和建立一种高效的教学模式，以提升教学效果。该模式涵盖三个方面，即独特的教学指导思想、稳定的教学过程结构和创新的教学方法体系。

1. 教学指导思想

（1）“学中练，练中赛”的教学指导思想

传统的高校体育教学模式存在着固化和缺乏变化的问题，缺乏对学生个体差异的关注。相比之下，在体育俱乐部的课程教学中，呈现出了更加多元化的特点，其中包括教学指导思想、教学方法以及评价方式等多个方面的全面覆盖。体育俱乐部是高校体育课中重要的组成部分之一，能够促进大学生身心健康发展。在体育俱乐部的教学中，注重根据学生在不同学习阶段的需求，提供相应的指导思想，以协助学生准确把握学习方向和关键技能。体育俱乐部课程教学以“学中练，练中赛”的教学指导思想为核心，旨在明确目标、简化教学实施，注重学生体育技能的习得。在教学过程中，学生通过深入学习运动技能的理论知识，教师进行示范，学生进行模仿，反复练习，达到熟练掌握动作技能的主要目的。因此，教师应根据教材特点及教学实际，精心设计各种活动内容，让每个同学都有机会参与到教学活动中来，培养他们对体育运动的兴趣与爱好，激发其求知欲，促进其全面发展。此外，比赛作为一种评估学习成果的方式，有助于学生在实践中运用所掌握的技能。这种教学方法可以提高学生对体育课程的学习兴趣，培养其终身体育锻炼意识。学生在学习、练习和掌握技能的过程中，通过自身的勤奋和参加课堂和课后比赛来巩固技能，从而获得在比赛中获得成就感的机会。这种综合的学习方式使学生更加积极主动地参与体育活动，并培养了他们的竞技精神和合作意识。

（2）“学技能，用技能”的教学指导思想

在传统高校体育课程教学中，以提升身体素质和促进健康为目标，通常要求学生掌握一项技能。然而，在进行技能习得后的教学过程中，常常缺乏进一步的干预和要求，仅仅停留在简单的技能评估层面，缺乏更深层次的思考和实践。体育俱乐部是高校体育课中重要的组成部分之一，能够促进大学生身心健康发展。相较而言，体育俱乐部的课程学习采用了“以技能为导向，以技能为手段”的教学理念，从而使得学习运动技能变得更加具体和高效。在这种授课模式下，学生的学习不仅仅是技能的掌握，更重要的是将所学应用于实践中，以达到更高层次的技能培养。在教学过程中，需要明确学生学习技能的目的，并将运动技能与实际生活相结合。通过体育俱乐部课程的学习和训练，学生能够掌握至少一项运动技能，并能够有效地将这些技能应用到实际生活中。这种教学方式旨在培养学生的实践能力，灵活运用所学的运动技能，从而更好地适应和参与各种体育活动和生活场景。通过俱乐部课程的学习，学生将能够获得实际的运动经验，提高技能水平，并将这些技能融入他们的日常生活中。

（3）“促快乐，增健康”的教学指导思想

学校体育课程教学一直以“增强体质、增进健康”为指导思想和目标，在其中蕴含着丰富的内容和内涵，贯穿于整个教学过程中。然而，传统的高等教育体育课程过于强调学生的技能评估，而忽视了学生参与运动所带来的身临其境的感受。相对而言，高等教育中的体育俱乐部课程教学更加强调将学生的健康状况融入整个课程实施过程中，同时注重为学生提供参与体育运动所带来的愉悦体验。这种授课方式不仅注重学生身体素质的提高，更强调培养学生对体育运动的热爱和享受。

学生主体的健康包括身体健康和心理健康两个方面。参与体育活动的目的不仅在于掌握运动技能，更重要的是通过体育运动来缓解情绪并获得快乐体验。然而，当前高校学生普遍存在心理问题，部分学生可能会回避自身的心理困扰，不愿接受学校提供的心理辅导和治疗。因此，体育运动作为一种有效的情绪调节方式，应被纳入学生心理健康干预的范畴中。在课堂上，教师应密切关注学生的心理状态，鼓励他们积极参与技能学习和体育活动，以通过体育运动来舒缓负面情绪。教师的关怀和支持有助于建立积极的情感联系，提升学生的心理健康水平，促进身心的和谐发展。因此，将体育活动融入心理健康干预措施中，对学生的综合健康具有重要意义。体育运动不仅能促进学生的身体健康，还有助于情绪的疏导和调节。高等教育机构的体育俱乐部提供了多样化的课程形式，使得学生可以根据自身的身体状况和兴趣爱好，自主选择最适合自己的运动项目进行锻炼。体育锻炼既可以使身体得到锻炼，又能促进人的身心发展，提高人的心理素质。参与这些活动，能够让学生在身心上获得愉悦，同时也能够促进健康，通过快乐的方式系统地学习运动知识、技能和方法，逐渐养成良好的运动习惯。这种多样化的课程形式为学生提供了更广阔的选择空间，使他们能够充分发展自身潜力，培养健康的生活方式，并在运动中享受成长和进步的喜悦。

2. 教学过程结构

（1）高校体育俱乐部课程教学过程结构的整体性

在传统高校体育课程教学中，注重学生单一技能的学习，却忽视了技能竞技水平的提升，导致教学过程结构相对单薄，主线较为单一。然而，与之相比，高校体育俱乐部课程教学呈现出更为整体化的过程结构，这体现在课程内容的设计上。这种教学模式从技能教学阶段开始，逐步过渡到比赛教学，并最终延伸至运动队选拔和代表学校参加比赛的阶段。通过这样的设计，学生可以全面培养技能，体验竞技的乐趣，同时也为他们提供了更多展示自我的机会。这种多层次、有机衔接的教学过程能够更好地激发学生的学习兴趣和参与热情，促进他们全面发展。学生在掌握运动技能方面，经历了一个由简单到复杂、逐渐发展的过程，其中包括基本技能的掌握、技战术的掌握、教学比赛中的实战对抗以及校外高级别比赛的对抗。高校俱乐部课程提供了一个全面的教学过程，通过激发学生的兴趣和积极引导学生参与运动，促进了学生的身心健康。这种教学方法不仅可以让学生对体育运动产生浓厚的兴趣，还能培养学生良好的意志品质及团队合作意识，提高学习效率。通过反复的训练和实践，学生可以通过比赛成绩的表现来实现他们在运动中的自我提升和自我实现。这种递进的教学方式能够有效地培养学生的技能水平，提高他们在比赛中的竞技能力。

（2）高校体育俱乐部课程教学过程结构的连贯性

在实际教学中，教学实施环环相扣，但当学生面临技术难点时，整体性的教学过程可能会受到影响。因此，关键的环节帮助学生克服技术难题，突破自我，并能够参与更高级别的运动。在这个过程中，学生逐渐提升技术水平，同时也增强了整体教学过程的连贯性。由于个体差异，学生解决问题所需时间各不相同，教师应根据个体情况采用差异化的教学方法，避免对不同问题的学生一概而论。此外，教师还要有耐心，避免给学生造成不会技能或水平低下的心理压力。在高校体育俱乐部中，高水平的学生能够帮助低水平的学生，通过陪练过程掌握动作技能，实现技能习得和运动参与的连贯性。通过这种方式，学生能够不断提升自身的运动能力和水平。这种相互帮助的学习环境使得学生在体育俱乐部中获得更全面的成长和发展。

（3）高校体育俱乐部课程教学过程结构的动态性

高校体育俱乐部课程教学过程的整体性和连贯性对于学生的动作技能习得、运动参与和运动能力提升至关重要。教学过程的动态性主要表现在学生参与运动过程中的变化和发展。这种动态性包括学生在不同阶段的技能发展、运动表现的改变以及对不同运动项目的适应能力的提高。通过这种动态性的教学过程，学生能够全面发展并不断提升自身的运动能力。这种教学方法使得学生在体育俱乐部中获得更加积极和丰富的运动体验。

在学习运动技能的过程中，学生个体间存在性别、身体素质和心理控制能力等方面的差异，这会影响他们在习得运动技能的完整性上的表现。因此，在教学过程中，教师需要实时跟踪和记录学生的个体差异以及他们在运动中的参与情况，以制定个性化的教学内容、方法和手段。教师的目标是帮助学生解决问题，掌握运动技能，并更好地参与运动活动。

3. 教学方法体系

（1）模仿练习的教学方法体系

在传统的高校体育课程教学中，学生通常通过教师的示范和模仿来学习动作技能。然而，这种教学方式单一且缺乏趣味，容易使学生感到乏味和失去兴趣，甚至导致他们对学习动作技能的投入减少。为了改善这种状况，体育俱乐部课程采用了多种教学方法来丰富学习体验。教师不仅仅依靠示范演示，还利用多媒体工具等创新手段，使学生对学习动作技能产生更大的兴趣和参与度。此外，教师还设立学生助教角色，让他们参与纠错和指导过程，这不仅提升了学生的自主学习能力，还增强了他们对技能的理解和掌握。同时，在教学过程中，教师注重情感鼓励，积极激发学生的学习动力和自信心。通过这些教学方法的综合运用，学生在体育俱乐部课程中能够更加享受学习的过程，激发积极性并提高主动性。此外，教学过程还包括通过教学比赛实践对学生的技能学习进行评价。在学习过程中，学生将主动参与，通过对多种形式和来源的信息加工处理，反复练习和模仿规范的动作，获得技能。这种教学方式使学生成为学习的主体，具有明确的学习目标和强烈的主观能动性，从而取得显著的学习效果，并实现个人价值的体现。

（2）合作对抗的教学方法体系

高等教育中的体育俱乐部课程与传统高校体育课程的显著差异在于其强调学生运动竞技水平的提高。在体育俱乐部的课程教学中，通过举办教学比赛来评估学生的运动技能水平，是一种行之有效的方式。在比赛中，融合了协作和对抗的元素，有效提升了学生的运动参与度，实现了个性化运动的价值体现，同时也获得了个人的成就感。此外，通过团队协作，可以帮助学生培养团队精神、集体观念等意识，从而为其今后的发展奠定良好的基础。在合作与对抗的过程中，学生的心理素质和抗挫折能力得到了显著提升，这对于提高其心理素质具有至关重要的意义。教学比赛不仅仅是技能的考验，更是培养学生的团队合作精神、适应变化的能力和应对挑战的勇气的途径。通过积极参与比赛，学生能够不断挑战自我，超越自我，不仅在运动技能方面取得进步，而且在心理素质的提升上也能获得显著效果。教师要时刻关注未能取得良好成绩的学生，并提供心理疏导。教师应帮助学生克服技战术瓶颈，避免负面情绪和心理负担。这种合作对抗的教学方法有助于培养学生适应社会生活的能力。

4. 教学模式

（1）技能掌握式体育教学模式

在体育教学中，学生掌握运动技能、积极参与运动实践、提升体质和促进健康是最终的目标。传统高校体育课程和体育俱乐部课程通常采用技能掌握式的教学模式，但是它们在内涵和外延方面存在一定的差异。这意味着教学方法、内容和目标会因课程类型的不同而有所区别。传统高校体育课程注重学生的技能掌握，却忽视了技能的进阶和提高。相比之下，高校体育俱乐部课程教学对学生的技能掌握提出了更高层次的要求。在这种课程中，学生需要具备一定的竞技水平，能够熟练掌握并实施各种动作技能。俱乐部课程教学要求学生更加主动地掌握动作技能。整个俱乐部课程的开展都是以对学生动作技能的高要求为中心，通过各种教学活动和实践，帮助学生提升运动能力，并在实践中不断发展和完善所学的技能。

（2）运动体验式体育教学模式

高校体育俱乐部课程注重学生的实际运用和体验，合作对抗的教学方法贯穿整个教学过程。这种方法在教学中渗透，使学生通过逐步学习和反复练习，实现个人价值的运动参与，并获得个人成就感。与传统课程相比，高校体育俱乐部课程更加注重学生的积极参与和主动性，提供了多样化的教学内容和学习体验，以达到更好的教学效果。通过快乐自由、竞争合作的运动体验，学生自觉并经常参与运动，使健康促进成为他们的习惯和常态。在体验式的教学模式下，学生能更早地适应社会环境，加强心理建设，并促使身心健康的全面发展。这样的教学模式培养了学生成为社会主义建设者的能力。

二、我国高校体育教学模式现状分析

（一）指导思想

体育教学指导思想是一套理论体系，用于认知和界定体育教学的价值、内容和方法。在高校体育教学中不仅提供了方向性的指导，而且对整个教学过程具有重要的意义。当前，我国高校体育教学指导思想主要集中在“技能教育”和“体质教育”上。然而，目前许多高校的体育教学指导思想仍相对保守，新兴的教学思想如“终身体育”“快乐体育”“健康第一”的广泛传播和应用在高校中仍有很大的提升空间。这需要加强相关教师培训和教学理念的更新。

（二）教学目标

当前，我国高校体育教学目标的制定主要以体质教育和技能教育为中心。然而，在生态文明时代，尚未充分贯彻全面发展个体的教育理念。培养健康第一的体育观念和学生终身体育意识的教学目标没有得到足够的重视。大多数高校体育教学目标仍然局限于发展学生的身体素质和增强体能，而在高校体育教学中，人文教育的功能，如培养学生良好的体育道德观和顽强的意志品质等方面，尚未得到充分发挥。因此，需要进行体育教学目标的更新和调整，将全面发展的个体培养作为核心，注重培养学生的道德品质、人文素养和终身体育意识，以适应当代社会的需要和发展。这表明，高校体育教学的目标需要进行创新和优化，以适应当前社会的发展需求，并满足高校学生的需求。

（三）教学内容

高校体育教学内容需要进一步更新和优化，以适应发展要求。

（四）教学方法

高校体育教学方法是指在教学过程中，体育教师所采用的特定教学技术和策略。不同的教学方法会产生不同的教学效果。因此，有必要在高校体育教学中引入更多的创新教学方法，以提升教学质量和效果。

（五）教学组织

我国目前高校体育教学采取多种不同的组织形式，各校根据自身的师资力量选择适合的教学组织方式。在分班时，大多数高校考虑学生的兴趣爱好，有些学校还会根据男女性别差异和适宜的体育项目进行分班教学，以满足学生的需求，提高学习效果。对于教学组织形式的选择需要根据学校的实际情况和资源条件进行合理安排，以确保教学效果的提升。

（六）教学评价

体育教学评价是对整个体育教学过程进行综合评估的关键环节，用于评判教育成果和价值。为了全面评估学生的综合素养和能力，应增加定性评价的比重，鼓励学生主动参与评价过程，同时加强理论知识的教学，使其与实践相结合，提高学生的综合素质和运用能力。

第二节　云计算应用于高校体育教学模式

一、云计算的概念及应用综述

（一）云计算的定义及演化

1. 定义

云计算是一种可灵活调用的虚拟资源池，能够根据实际负载动态重新配置，以达到最佳资源利用效果。用户与服务提供商事先达成服务协议，选择以付费或免费的方式对这些服务进行利用。通过云计算，用户能够根据自身需求灵活地获取所需的计算、存储和网络资源，无须投入大量资本和时间建设自己的基础设施。

2. 云计算的演化

随着科技的飞速发展，计算机技术也经历了多次演进。起初，计算机采用单一处理机模式，处理能力有限，请求需要长时间等待，效率低下。随着网络技术的进步，分布式任务处理模式应运而生，允许任务在网络上分散处理，提高了效率。然而，高负载配置的服务器集群在低负载时存在资源浪费和闲置的问题，增加了运行维护成本。为了解决这些问题，云计算应运而生。云计算利用虚拟化技术将服务资源抽象成云端资源池，由专业人员负责调度、管理和维护，用户无须关心内部实现细节。云计算是多种技术的综合应用，包括分布式计算、效用计算、虚拟化技术、Web 服务和网格计算等。它提供了高效的计算方式，用户可以根据需要快速获取和利用计算资源，满足各种应用需求。云计算的发展对于提升计算能力、优化资源利用和降低成本具有重要意义，对各行业的信息化建设和业务发展产生积极影响。

3. 云计算的特点

云计算采用虚拟化技术，灵活地分配存储、计算、内存、网络等资源，以满足用户的需求。用户可以根据实际需求，在任何时间和地点快速弹性地请求和购买服务资源。用户可以通过客户端软件，进行网络访问云计算资源。使用情况可以进行监控，并向用户和服务提供商报告。系统能够自动检测故障节点，通过数据的冗余性保持正常运行，并提供符合服务等级协议（SLA）要求的高质量服务。

（二）“体育教育云”对高校体育的价值

1. 管理价值

从课程管理的角度来看，云计算可以实现信息的畅通和快速传递，不再局限于传统的单一教学模式。同时，班级划分也可以超越传统的行政班，根据学生的身体素质进行更合理的分组。通过云端系统，可以轻松解决管理上的难题，使相似素质的学生能够在一起上课，实现因材施教，提高体育课程的教学效果。

通过利用移动终端与云计算的互动，可以有效监管学生在课外活动中的锻炼情况。这种方式不仅可以减轻教师的负担，还能提高监督效率，实现自动化和智能化的管理。通过云计算的支持，可以更加便捷地管理和评估学生的课外活动，为学生提供个性化的指导和推荐，进一步提升学生的身体素质和全面发展。这种基于云计算的课外活动管理将有效地促进学生的参与度和兴趣，提高教育的质量和效果。

通过应用“体育教育云”平台，可以实现对学生体育成绩评价的全面和准确量化。这种评价方法不仅在评价指标上更加精确，评价内容也更加丰富多样，从而使评价结果更加公正和公平。

2. 教育价值

云计算在教育教学层面带来了高效和便捷的数据传递优势。通过云连接，学生能够与教师进行交流，获得指导。同时，可以下载专业教材，获取所需知识。传统学习方式的时间、地点和内容限制已经被打破，云计算为学习提供了更简便高效和个性化的选择。通过云计算技术，学生可以根据自身需求和特点，灵活选择适合自己的学习资源和方式。此外，云计算还能借助体质分析来为学生量身定制运动项目，并制订个性化的运动计划，包括运动负荷、强度和建议。同时，学生的运动情况可以实时反馈给教师，以便教师及时调整教学计划和指导学生。在体育教育云平台的支持下，教师、学生和学习资源形成一个实时互动的学习环境，学习资源根据需求进行分配，学生的学习效率得到显著提高。这种云计算在教育教学中的应用，为学生提供了更广阔的学习机会和更个性化的学习体验。

二、“体育教育云”的设计

（一）“体育教育云”设计的科学依据

体育教育云的构建是基于云计算技术，以高校体育教育的通用规律和原则为基础，对传统高校体育模式进行了优化和全面的升级。

（二）“体育教育云”的基本框架

为满足体育教育云的使用需求，高校内部学生可租用小型网络服务器或者借助高校机房的大容量存储设备作为服务器。该系统软件由多个模块组成。数据库管理软件负责管理学生和教师的数据，并嵌入服务器终端。教师端和学生端是系统的另外两个关键模块，分别为教师和学生授权，赋予相应的操作权限。客户端软件包括手机软件、平板电脑软件、网页客户端和电脑软件，学生和教师只需下载相应软件，并使用个人的用户名和密码登录系统。系统经过身份验证后，用户可访问个人信息、课程内容、学习资源等。此外，系统支持多设备同步，学生和教师可在不同终端上进行学习和管理操作。这一基于云计算的体育教育云系统提供了便捷的学习方式，促进了教育的普及和发展。

1. 教师客户端的功能

教师可使用个人的用户名和密码，通过指定域名的网页或系统内部的软件登录客户端，以教师身份进行相关操作。通过登录教师客户端，教师可以方便地管理和组织教育资源和学生信息。

2. 学生客户端的功能

学生可以通过输入个人的用户名和密码，在指定域名的网页或系统内的软件上以学生身份登录客户端进行操作。通过登录客户端，学生可以方便地使用各项功能和资源进行学习和交流。

（三）“体育教育云”的运行模式设计

1. 注册以及数据录入

新生完成入学登记注册后，他们的个人信息，如姓名、学号等入学基本信息，将被记录在数据库中。开学后，新生将接受一次完整的体质测试，测试遵循国家发布的《大学生体质测试标准》。教师将核对并记录学生的测试成绩，并将其作为学生的基础数据录入数据库。系统会根据学生的测试成绩自动分组，确保具有相似身体素质的学生被归入同一组。不同的分组将影响体育教学内容、课程负荷和强度的安排。学生可以通过学生客户端查看和核对自己的基础数据。若发现数据有误，学生可以与教师联系，进行复核和修正，以确保准确反映个人的体质状况。

2. 课程模式

学期开始时，根据系统对学生分组的情况和各组的人数，每个组的学生将收到选课问卷。问卷包括学校提供的所有选修课程以及学生已具备的相关课程技能水平。根据问卷结果，系统进行大数据分析，为每个组别安排必修课和选修课。学生可以登录系统，选择感兴趣的选修课程。

选课完成后，云端系统会自动创建班级，并将班级信息公示供教师和学生查阅。通过系统，学生可以轻松查询自己的上课时间、地点以及授课教师。同时，教师会获得与所教班级相关的数据权限。每个班级都将形成一个班级群，教师可以在群内发布课程信息、作业和紧急通知。教师发布的信息将迅速传达给学生，学生可以通过手机客户端即时接收到通知。此外，学生还可以通过系统与任课教师进行留言和提问，方便沟通和交流。为了方便考勤、记录和评分，教师可以安装系统客户端在智能手机或平板电脑上进行操作，摆脱传统的点名册。学生的出勤情况将实时同步到云端数据库，供教师进行管理和评估，确保数据准确性和便捷性。

3. 教学内容

A：教学内容包括运动技能和运动技战术的训练、体育竞赛规程、科学健身方法等，旨在提高学生的能力。同时，培养学生对体育的欣赏和鉴赏能力，并在适当条件下培养个别学生的裁判能力。

B：教学内容包括运动技能、科学健身方法和少量素质练习等内容，加强学生的基础。同时，巩固学生对体育运动的兴趣，进一步激发内在动机，帮助学生养成良好的体育习惯。

C：教学内容包括少量运动技能的学习、科学健身方法和大量有针对性的素质练习，旨在夯实学生的基础。同时，重点培养学生对体育的认知，激发学生对体育的动机，帮助他们养成良好的体育习惯。

D：教学内容包括注重科学的体育健身方法和各种有针对性的素质练习，旨在改善学生的身体亚健康状态。同时，重点培养学生对体育的认知，激发学生的体育动机，帮助他们养成良好的体育习惯。在适当条件下，还指导学生饮食和作息。

E：教学内容以康复为目的，包括有针对性的身体活动或团队协作活动。旨在促进学生身心健康，帮助他们恢复正常的生理功能。

体育教师可以利用云端平台发布 A—E 级别的开放课程，以指导学生进行课外体育锻炼。这些公开课的主题不限于特定的体育运动，而是类似于讲座形式。A—E 组的学生可以在云端进行报名，并根据个人兴趣和需求选择合适的教师和课程内容。每位学生每学期至少参加一次公开课，而参加次数则没有限制，多参加对学生来说更好。参与公开课的次数将纳入评价体系中。为了满足学生的需求，体育教师可以在云端发布不同水平的公开课，并鼓励学生积极参与，以提升他们的体育锻炼水平。

4. 课外活动任务

云端系统将根据学生的基础数据，为课外活动设定不同的锻炼任务，重点是加强学生在基础数据中显示的薄弱领域。学生需要在规定的课外活动时间内完成这些任务，而值班教师将负责监督确认并将数据录入数据库。除此之外，在云计算大数据的支持下，课外活动的形式不再受限。下面列举一些可能的课外活动方式：

学生体育社团（俱乐部）：学生可利用云平台发布和创建体育兴趣小组，人数超过 50 人后推送给相关体育教师审核，审核通过后社团成立。社团内设职位：社长负责事务；指导老师指导监控活动；4～6 名常务副社长组织活动、评估成员并考勤。在此环境下，学生发挥兴趣，结交志同道合的朋友，促进内部动机锻炼。社团项目不限于传统竞技体育，可包括轮滑、瑜伽、跆拳道、街舞、骑行等受学生喜爱的休闲项目。学生表现由 4～5 个副社长组成的评估小组评估，指导老师确认修改后上传云端，为体育课成绩评价标准之一。

校内校际联赛：各社团、院系可就热门竞技体育项目展开比赛，由社团社长或院系体育部长（学生）组织操作。相关体育教师担任裁判长，控制和监督比赛，并对学生裁判进行培训。联赛可通过云计算平台发起，一定数量的队伍响应即可开展。也可由社团或院系发起挑战赛，另一方响应即可开展。优秀运动员、裁判和组织人员将由裁判长提名上传至云端，作为体育课成绩评价标准之一。获胜社团或院系将获得一系列荣誉和奖励，如云端社团徽章上加星标示（类似世界杯），吸引更多同学加入，并激励其他社团，促进竞争意识，形成良性循环。

5. 学生体育成绩评价标准

（1）学生体育成绩评价

“体育教育云”系统采用综合评价体系对学生的成绩进行全面评估，摒弃了单一标准的局限性。该评价体系涵盖了认知考核、素质考核和技能考核三个方面：在认知考核方面，重点评估学生对选课内容的理解程度，包括相关体育项目知识和基础运动生理学知识。技能考核则针对学生选择的具体课程内容，安排评估时间在学期末，由任课教师根据不同项目的特点进行评定。而素质考核与传统评价标准有所不同，以学生入学时的基础数据为参考，再次进行相同的体质测试，并将得到的数据与基础数据进行对比，以评估学生的成绩提高程度。体质测试成绩的变化以及测试结果本身都被视为评价的重要依据之一，以确保评价的客观性和全面性。通过这一综合评价体系，可以更准确地了解学生的综合能力和进步情况，为他们提供全面发展的教育支持。为了避免学生仅仅为了获得好成绩而在“基础数据”测试中不全力以赴，测试结果与课外活动任务挂钩。优秀的测试结果的学生将减少任务量，并增加一些娱乐性的活动，相反，测试结果不理想的学生将面临较多的任务，并且注重有针对性的体能练习。此外，学生参与课外活动和运动比赛的情况也作为体育课成绩的参考，以激发学生积极参与体育活动的动力。这样的评价体系，可以全面衡量学生在体育教育中的综合能力和成就。

（2）学生对教师的评价

在“体育教育云”平台中，学生可以选择在课程结束后对教师进行实名评价，尽管这是一项自愿参与的活动。与传统评价模式相比，学生匿名评价中存在教师对考核成绩的决定权，这往往会限制评价的客观性。然而，在“体育教育云”环境中，学生的体育成绩是通过综合评估多个方面得出的，教师对学生成绩的影响相对较小。因此，在进行教师评价时，学生需要权衡实名评价对个人可能产生的影响，但无须担心评价会直接影响自己的成绩，这样评价更加客观。这种实名评价机制鼓励学生更真实地表达对教师的观点和体验，同时为改进教学质量提供了机会，促进了学生与教师之间的相互理解和积极互动。这种评价机制为学生提供了更多表达意见和建议的机会，同时也促进了教师的教学质量和专业发展。

（四）“体育教育云”与传统模式的对比分析

1. 体育认知

在当前的高校体育教育制度中，由于师生之间的沟通渠道不完善，缺乏有效的反馈机制，教师对学生只能获取课堂教学内容的反馈。学生的体育兴趣、体育习惯和具体身体素质情况无法得到良好有效的反馈。因此，体育教师无法因材施教，只能按照固定教学计划进行教学。同时，传统体育课程设置往往忽视对学生的体育认知教育，未能有效激发学生的锻炼动机，也未能传授基本的运动生理学、运动伤病防范和处理等体育科学知识。

现有的“体育教育云”系统为学生提供了更好的学习平台。学生可以便捷地获取系统化的体育科学理论知识，增强对体育运动的参与意识。在这个系统中，高校体育教师能够与学生进行更加充分的沟通和了解，通过反馈机制获得更多信息。这样，体育教师可以更具针对性地进行教学，根据学生的兴趣、习惯和身体素质进行个性化指导。此外，“体育教育云”系统还注重培养学生的体育认知，激发他们的锻炼动机，并传授基本的运动生理学知识以及运动伤病防范和处理等体育科学知识。通过这种方式，学生能够全面提升体育素养，更好地参与体育活动，实现身心健康的发展。

2. 体育课程管理

因材施教是教育学的重要原则之一，然而，在当前的体育教育实施中，为了方便管理，高校普遍采用行政班或选修课的形式进行教学。从教学的角度来看，这种班级分组教学并未充分考虑学生身体素质的差异，导致学生面临一些难以完成或过于轻松的学习任务，难以达到理想的教学效果。

为了解决这一问题，“体育教育云”系统引入了按照学生身体素质分班的教学方式，贯彻了体育教育中区别对待的原则。该系统将身体素质相近的学生划分到同一个班级进行教学，从而方便教师更好地安排教学内容和负荷强度。在体育教师工作量不变的情况下，这种分班分组教学能够加强课堂的针对性，提高体育课的效率。

通过“体育教育云”系统的实施，教师可以更好地了解每个班级学生的身体素质情况，因而能够更有针对性地设计教学内容和安排训练负荷。学生们也能够与身体素质相近的同学一起学习，互相促进、共同进步。这种分班分组教学方式有助于提高学生的参与度和学习效果，使得体育课程更加有效和有意义。

3. 教学内容

目前，大多数高校的体育课程仍以传统的三大球、三小球为主，辅以田径等素质训练内容。近年来，部分高校也开始推出一些时尚且备受学生喜爱的课程，如瑜伽、定向越野和跆拳道等。然而，由于场地和器材的限制，体育课程的实施并不理想，许多教学目标难以顺利实现。

“体育教育云”的理念认为，体育教学内容应该与学生的课外体育活动相互补充。毕竟，真正对学生起到锻炼作用的是课外体育活动，只有这些活动才能满足学生的体育需求。在云计算系统的环境下，可以更加关注学生的需求，根据需求进行资源分配。体育教学的内容也不再受限于形式和地点，变得更加灵活、多变和高效。

通过体育教育云系统，可以根据学生的兴趣和需求提供个性化的体育课程，以更好地满足学生的锻炼和发展需求。学生可以在云计算系统中享受到更多丰富多样的体育资源和教学内容，不再局限于传统的课程形式。这种灵活性和高效性的体育教学模式将为学生提供更好的学习体验和发展机会，激发他们对体育的兴趣和热爱。

4. 课外活动

“体育教育云”将课外体育活动融入体育课程，同时作为体育课成绩的评价依据，以实现课内外的紧密结合。这种做法可以激发学生的运动参与意识，培养他们良好的体育习惯。学生可以利用系统注册球队参加体育联赛，为学校的体育氛围增添活力。此外，学生还可以组建体育兴趣小组，在课余时间参与体育活动，既锻炼身体又获得愉悦的情感体验。通过这种方式，学生能够更加全面地发展自己的体育素养，并将体育融入他们的日常生活中。这种紧密结合的教学模式将激发学生的兴趣，促进他们积极参与体育活动，并为他们提供全面发展的机会。

5. 体育成绩评价

在“体育教育云”中，学生的评价考核标准得到了扩展，不仅包括传统的评价方式，还加入了学生课外运动参与情况和学生身体素质变化情况两项指标。这种更加全面综合的评价方式，能够更客观地评估学生在校期间的体育表现。这种评价体系的实施有助于激发学生参与体育活动的主动性，特别是对那些原本身体素质相对较差、对体育缺乏信心的同学而言，更能起到积极的激励作用。通过评价结果的反馈，学生可以更清楚地了解自己的体育发展情况，从而更有动力参与体育活动，提高身体素质，并培养健康的生活方式。这种综合评价的实施对于学生的全面发展和健康成长具有积极的推动作用。

在评价结果方面，“体育教育云”系统可以追踪个体的体质数据，使每个用户对自己的身体状况有清晰的认识，对自己的体能变化能够直观地了解。如果某方面的机能水平下降，系统能够及时检测并提供相应的处方建议，以帮助个体改善身体状况。从群体的角度来看，国家可以通过“体育教育云”中的体质数据轻松获取大学生当前的体质健康水平，以便制定相关的指导建议和政策。这样的数据分析和监测能够提供重要的参考依据，使相关部门能够更好地了解学生群体的整体健康状况，并采取相应的措施来促进大学生的身体健康和全面发展。

第三节　多元反馈应用于高校体育教学模式

一、反馈的研究现状

（一）反馈的定义及其应用现状

控制论最早提出了“反馈”这个概念，指的是将系统的输出反馈到输入端，并以某种方式改变输入，从而影响系统的功能。具体而言，反馈是指通过适当的检测装置将输出量返回到输入端，并与输入量进行比较的过程。反馈是一种通过动态调整控制力或信号的方式来实现系统控制的方法。

在教育教学领域，研究者刘显国提出了一种创新的教学方法，称为“反馈教学法”。这一方法强调教师在教学过程中的主导作用。刘显国提倡教师以反馈教学的方式，积极引导学生进行学习，并培养他们的思考、反思和总结能力，以促进学生智力的发展和学习能力的培养。根据刘显国的研究，及时的反馈和指导有助于学生更好地理解和掌握知识，提高学习效果和成绩。这种教学方法注重师生互动和个性化指导，以满足学生的不同学习需求。教师通过及时的反馈帮助学生纠正错误，激发学生的学习兴趣和自信心，从而激发他们积极参与学习过程。通过刘显国提出的反馈教学法，教师能够更好地引导学生，提高教学效果，实现教育目标的达成。[①]这种教学方法强调教师对学生的指导和支持，为学生提供及时的反馈，激发学生的学习动力和积极性。通过反馈教学法，教师能够更好地了解学生的学习情况，并根据学生的反馈进行相应的调整和优化，以提高教学效果。

研究者曹新美和郭德俊在心理学领域进行了一项实验，探索了导致大学生无助现象的原因。他们的研究结果显示，与操作成绩评价的反馈相比，信息反馈的

① 刘显国．刘显国：反馈教学法 [M]．北京：首都师范大学出版社，2011.

一致性在认知活动中起着关键作用。[①]他们的研究揭示了这一现象背后的重要因素，即一致的信息反馈对大学生的情绪和心理状态具有重要影响。这一发现对于理解和解决大学生无助问题具有重要的启示作用。

（二）反馈在人文领域中的研究现状

在对大学生英语写作反馈方式进行比较研究时，周一书将反馈方式分为教师反馈、同伴反馈和网络反馈。研究结果显示，大多数学生希望在教学过程中教师能够采用多种反馈方式，并充分发挥每种方式的优点和特色。[②]这项研究揭示了学生对于反馈的需求和期望，强调了在英语写作教学中教师多样化反馈的重要性。通过灵活运用不同的反馈方式，可以更好地满足学生的学习需求，提高他们的写作能力和表达水平。

李东方、罗瑾琏、黄良志在《领导反馈对员工创造力的影响研究——基于心理资本的中介效应》中，分析研究了领导反馈对员工创造力的影响。研究将领导反馈分为积极反馈和消极反馈。其中阐述了积极反馈对员工创造力有正向影响，而消极反馈则产生负面效应。在体育教学中，反馈方式逐渐多样化，其中多元反馈法具有明显优势。

二、多元反馈在体育教学中的应用现状

我国对多元反馈教学的研究相对较少，直到最近十几年多元反馈教学才开始引起学者的关注。刘昕指出，“多元反馈教学法”是一种以掌握基本知识和发展技能为主要目标的教学方法，它建立在系统论、信息论和控制论的基本原理之上。在这种教学方法中，教师扮演着主导角色，通过不断引导学生进行学习，提高整体教学质量。实验证明，多元反馈教学法对羽毛球教学的效果提升具有重要的实用价值和意义。[③]这种教学方法有助于激发学生的学习兴趣，提高他们的参与度，并通过多元化的反馈方式，帮助他们更好地理解和掌握所学内容。因此，多元反

① 曹新美．学校生涯教育指南 [M]. 北京：教育科学出版社，2019.
② 刁佳琪，周一书．过程导向的项目式写作教学模型及实施建议 [J]. 英语广场（中旬刊），2022，（4）：65–68.
③ 李迎春．多元反馈教学法 [M]. 沈阳：辽宁大学出版社，2010.

馈教学法在教学实践中具备广阔的应用前景，为提高教育教学质量提供了有力支持。

三、多元反馈体育教学模式

通过广泛研究体育教学模式的文献资料，可以清楚地看到传统体育教学模式的缺陷逐渐显露出来，主要体现在以下几个方面：过度追求理论上的完美，却缺乏实际操作性和实践性，使得一线教师难以将其应用到实际教学中；缺乏完整的教学设计，无法灵活选择适应教学实际的模式。多元反馈体育教学模式正好弥补了传统体育教学模式的不足与缺陷。它注重实践性与操作性，能够提供直接的反馈信息，帮助学生更好地理解和应用所学知识。同时，多元反馈体育教学模式具有灵活性，能够根据教学实际情况进行调整和适应，使教学过程更加符合实际需求。因此，多元反馈体育教学模式为改善传统教学模式的不足提供了有效的解决方案，具有重要的教学意义和应用价值。

（一）多元反馈体育教学模式的理论依据

多元反馈教学法是一种综合教学法，其目标是运用知识和培养能力，以系统论、信息论和控制论为基本原理。特别注重教学和学习之间的信息交流和及时反馈，通过师生之间的融洽合作氛围，教师引导学生进行学习，从而有效提高课堂教学质量。多元反馈教学法将信息传递作为主要线索，将课堂教学的信息传递由单向转变为多向，促进信息的流动，有助于建立良好的人际关系和有效提升学生的综合能力。通过多元反馈教学，学生可以接收来自教师和同学的反馈信息，从中获得指导和改进的机会，同时也培养了学生的自主学习和合作学习能力。这种教学法能够激发学生的学习兴趣，提高学习效果，并培养学生积极参与和合作的态度，为他们的全面发展奠定了坚实的基础。

1. 多元反馈体育教学模式的控制论基础

反馈控制是一种过程，将系统的输出信息反馈到输入端，并与输入信息进行比较，利用两者之间的偏差来进行控制。然而，反馈控制可能会存在时间延迟的问题，即从检测到偏差到采取修正措施之间存在一段延迟时间。控制方法包括反馈控制法和功能模拟方法等。在多元反馈教学中，为了实现教学目标的最终达成，需要进行持续循环的控制、执行、反馈和调整过程。在教学实践中，反馈控制方法扮演着重要的角色，并成为多元反馈教学的基础。因此，在教育领域，教师应根据学生目前的知识水平和特点，不断对制定和设计的内容进行合理有效的控制。教师需要通过准确的反馈信息来了解学生的学习状况和进展情况，以便及时调整教学策略和方法，确保教学效果的最大化。教师还应该灵活运用不同的控制手段和技巧，以满足不同学生的需求，从而实现个性化教学和优化学习成果的目标。

2. 多元反馈体育教学模式的信息论基础

在 20 世纪 60 年代末，信息论开始逐渐在教育领域得到应用。通过不断循环的反馈信息，能够更好地控制整个系统朝着既定的方向和目标发展。多元反馈教学过程的关键在于教师与学生之间的信息交流和互动。在这个过程中，教师不仅发挥主导作用，而且赋予学生主体地位，以实现教学目标。为了建立良好的信息流动机制，教师应与学生建立民主、和谐的师生关系。这种开放性的沟通环境能够促进教学效果的良性循环。教师需要及时收集学生的反馈信息，了解他们的学习进展和需求，通过有针对性地调整教学策略和方法，激发学生的学习兴趣和动力，提高教学效果。同时，学生也需要积极参与反馈过程，通过与教师和同学的互动，分享观点和经验，共同促进知识的构建和理解。通过良好的信息交流和反馈，多元反馈教学可以实现教学质量的不断提升和学生能力的全面发展。

3. 多元反馈体育教学模式的教学论基础

体育教学系统是由教师、学生和课程内容等多个要素组成的相互联系的完整系统。在体育教学过程中，教师通过课程内容与学生进行互动和交流。这些要素都是体育教学不可或缺的因素，为了实现最佳效果和取得成功，必须实现这些要素之间的最佳组合。

在教学过程中存在着多个矛盾对立的组合，如学生与教材、学生与学生、教师与学生之间的矛盾，这在体育教学中也同样存在。为了解决这些矛盾，关键在于加强教师与学生之间、学生与学生之间的信息交流和反馈，并坚持以教师为主导、学生为主体的教学原则。

多元反馈体育教学与教学理论息息相关，强调学生的主体性和创造性，同时也突出了教师的关键作用和在整个课堂教学过程中的控制力。在多元反馈教学中，教师的专业知识和素养起着至关重要的作用，同时教师还需要具备广泛的综合知识和能力素养。教师应以科学而创新的理念来引导和指导学生的学习，努力实现学生的全面和创造性发展的目标。教师在这一过程中既是知识的传授者，又是学习的引导者和激励者。通过反馈和评价机制，教师能够及时了解学生的学习进展，发现问题并提供有针对性的指导和支持。同时，鼓励学生的自主思考和创新能力，激发学生的学习兴趣和动力，推动学生在各个领域充分发挥个人潜能，实现自我价值的发掘和发展。教师通过及时的反馈和调整教学策略，使学生能够在积极的学习环境中获得更好的教学效果，并激发他们的学习热情和动力。

（二）多元反馈体育教学模式的教学目标

多元反馈体育教学模式的教学目标是通过多种信息交流、反馈和评价，提升学生的基本运动知识、基本运动技能和基本运动方法，以及全面发展学生的组织能力、管理能力和人际交往能力。在多元反馈教学中，目标是培养学生多样化的能力，实现让学生能够将所学知识应用于实际的目标，将“终身体育”理念融入他们的日常生活中。通过教学过程中的多元反馈，激发学生的学习动力，提高他们的综合素质，并培养他们的创造力和解决问题的能力，使他们能够在未来的生活中不断发展和进步。

（三）多元反馈体育教学模式的教学原则

1. 及时性原则

在多元反馈教学过程中，教师能够及时对学生的表现进行准确评价和指导。这些评价和指导通常采用鼓励性的语言，旨在激发学生的积极性和创造性思维。教师的评价和指导具有及时性，能够准确地反映学生的表现，教师通过积极的评价来鼓励学生，促使他们更加主动地参与学习。这种恰到好处、恰如其分的评价与指导对学生的学习动力和发展起着重要的推动作用。

2. 针对性原则

在多元反馈体育教学过程中，教师需要根据学生的不同表现采取有针对性的教学和指导措施，以确保个体的发展。教师在评价和指导学生时应具备差异性，以便学生在接受肯定或否定的同时，清楚了解下一步的行动方向。此外，通过提供具体而准确的反馈信息，教师能够进一步强调学生的优点，了解其不足，从而实施有针对性的指导，鼓励学生不断改进和完善自己。此外，对于体育优秀学生，教师应该给予肯定，让他们发挥表率作用，带动其他学生一同进步。通过这样的多元反馈教学方法，教师能够个性化地引导学生，促进他们的综合发展和成长。

3. 全面性原则

多元反馈体育教学注重提升学生的身体素质，培养良好品格，并发展各项身体机能。在教学过程中，教师需关注学生的学习和表现，根据反馈信息提供恰当指导和评价，以促进全体学生运动能力的提升。教师的关怀和指导使学生了解自身体育优势和发展方向。教师通过多元反馈教学，使学生能够全面发展，实现个体的身体潜能的最大化。这种教学方法不仅注重学生的身体素质提升，也关注学生的学习成效和品格培养，旨在培养健康、积极向上的个体，为他们的未来发展奠定坚实基础。

4. 交往性原则

学生与教师在多元反馈教学中，进行频繁的互动交流。这种互动有助于学生建立良好的人际关系，也促进了优秀班级的形成。教师通过及时的反馈和指导，能够准确地了解学生的需求和困惑，并帮助他们克服问题，提高学习效果。同时，学生之间的交流和合作也能够促进彼此的成长和发展，形成积极向上的学习氛围。这种密切的教学互动和交往联系有助于培养学生的社交能力和团队意识，为他们的个人发展和集体进步打下坚实基础。

第四节　社团化教学应用于高校体育教学模式

一、体育课程社团化教学模式概述

体育课程社团化教学模式涵盖了校内课堂教学和课外教学活动两个方面。校内课堂教学旨在帮助学生建立扎实的体育知识和技能基础。其中包括对体育的起源和发展历程的简要介绍，以及各类赛事制度和裁判规则的讲解，使学生了解体育运动的基本理论知识，掌握基础运动技能，培养高水平的体育素质。

培养学生的体育素养和社会意识是课外教学活动的核心目标。这包括通过思想教育塑造学生的道德品质，提升心理承受能力，激发对体育参与的兴趣，进一步提升运动技术水平，使其达到熟练运用的程度。高等院校采用体育社团化课程模式，将体育教育、人文教育和社会教育有机结合。这一模式旨在满足学生不断增长的运动需求，同时弥补传统体育课程在时间和空间上的限制，以及改善体育教育在教育功能方面的不足，进而弥合学校体育与社会之间的鸿沟。这种模式的实施不仅符合课程改革、体育发展和社会进步的需要，而且是培养适应社会建设需求的高素质人才和全面发展的德才兼备人才的重要途径。参与社团化课程的学生可以拓展对大众体育的认知和实践，深入体验社会工作和群众生活的艰辛与快乐。这种教学模式在推动社会进步和国家强盛方面发挥着积极的促进作用。通过综合教育的方式，高校体育社团化课程培养学生的综合素质，促进其全面发展，为社会和国家的繁荣作出贡献。

体育课程社团化教学模式设计包括课程目标、教学内容、教学组织形式和考核方式四个部分。

（一）课程目标

课程的底层目标的主要关注点是学生的理论和技能学习需求，要求他们掌握体育起源和运动发展的知识，并能够灵活运用专项技战术，在体育活动中积极互动和进行对抗，以培养对实践体育的浓厚兴趣和积极参与，进一步提升运动能力。

发展目标则是通过学习该课程，培养学生对体育锻炼的浓厚兴趣，积极参与组织的体育比赛和活动，同时能够帮助和指导他人具备科学运动的能力，塑造勇敢、坚毅、乐观的性格和精神，最终塑造出身体健壮、心胸宽广、思维敏锐且具备智慧的个体。

确立这些目标，将为学生提供全面发展的机会，使他们能够在体育课程中获得知识、技能和品质的全面提升。同时，这也为培养健康、积极、有活力的个人和社会健康的发展作出了重要的贡献。

（二）教学内容

根据地域特色、教育资源和学生需求的考量，教学内容的规划涵盖了课堂教学和课外教学活动两个方面。在课堂教学中，教学内容将通过四个模块进行展开。而课外教学活动则分为基础活动、比赛参与和社会实践三个部分，旨在为学生提供更广泛的学习机会和体验。课堂教学和课外教学活动是密不可分的两个组成部分，相辅相成。它们之间相互调节和互换，不是完全独立存在，而是根据实际情况的需要进行灵活安排。

通过这样的规划，教师能够充分利用地域特色和教育资源，满足学生的兴趣和需求，实现教学目标的同时提升学生的综合素质。课堂教学提供了理论知识和实践技能的学习平台，课外教学活动则为学生提供了更广阔的参与机会和社会实践的体验，使他们能够在不同环境中综合运用所学知识，培养实践能力和团队合作精神。

（三）组织形式

教学以班级为单位，融合了分班和合班的形式，同时将校内和校外资源有机结合。课堂教学分为三个部分：热身部分（大约 20 分钟），包括跑步和热身游戏；教学部分（大约 40 分钟），涵盖了运动技能学习与练习、纠正错误动作以及进行运动项目游戏；放松部分（大约 30 分钟），包含专项身体素质训练、放松操和课后小结。

在教学部分，运动技能学习采用了多种教学方法，如讲解法、分层教学法、问答式教学和互补式教学法，注重学生的主体参与，老师则扮演指导和总结的角色。放松部分与当堂教授的专项运动技能相结合，运用游戏和对抗的方式提高学生的练习兴趣。

课后小结采用随机点名的方式，让学生分享课堂收获和困惑，为课外教学活动提供解决方案。课外教学以校内和社会结合的实践形式进行，需要合理安排学生的课余时间，并协调场馆安排和校外活动等方面。这对教师来说是一个较高的要求，需要充分准备和组织协调的能力。

（四）考核方法

1. 综合表现评估

通过观察学生在社团活动中的参与程度、团队合作能力、技术水平等方面的表现，给予综合评估，如采用教师观察记录、同伴评价等方式。

2. 项目任务评估

设定一系列体育项目任务，要求学生在一定时间内完成，并根据完成情况评估技术操作的准确性、运动表现的优劣、团队合作的效果等。

3. 自我评价与反思

鼓励学生通过撰写自我评价报告或者参与小组讨论等方式，对自己的表现进行评价和反思，以促进对自身优点和不足的认识，并提出改进计划。

4. 参赛成绩评估

如果社团参与了体育比赛或者表演等活动，也可以将参赛成绩作为一项评估指标，并保评估过程公正、透明，遵循竞赛规则。

需要注意的是，社团化教学注重培养学生的综合素质和团队合作能力，因此考核方法应综合考虑学生的实际表现和个人发展情况，尽量避免单一指标的评估，以促进学生全面发展。同时，在考核过程中要注重激励和引导，让学生感受到成长和进步的价值。

二、高校体育课程社团化教学模式的作用

（一）充实课程内容

近年来，越来越多的专家学者关注体育课改革，并广泛提出了开放性体育的

需求。然而，不能忽视多种因素对体育项目发展的限制现实。因此，在一定时间范围内，体育课程和体育社团在项目类型上存在一些差异。与体育课相比，体育社团享有百分百的自由，不受体育课程的限制，可以根据学生的兴趣和喜好开展各种项目活动。相反，体育课程则无法自由选择，但可以免费利用学校资源，并由教师进行系统知识传授，社团组织则没有这些优势。如果两者能够互相补充，体育教育为社团组织提供技术支持，社团则为体育课程拓展教学空间，有助于高校体育项目的顺利开展。高校学生体育社团可以使学生接触体育运动的基本知识和技能，同时了解各种专业知识和高水平技能。高校体育课程社团化教学模式充分发挥了课堂教学和课外活动的优势，进一步挖掘二者的潜力，实现强强联合，丰富课程内容，满足学生的体育运动需求。

（二）释放学生压力

大学政工工作包括校园文化建设，各种校园体育文化对大学生思想政治工作有重要的推动作用。当前大学生面临学业压力、感情挫折、就业不确定等多种压力，过多积累可能导致心理问题。大学体育社团活动通过群体互动调节激素分泌，间接释放内心压抑，同时提供宽松的环境和愉快的交往，有助于释放压力。体育社团的干部由成员选举产生，学生参与社团活动的同时，也参与了社团的改革、管理和规划等，培养了社会能力。大学生体育社团组织周密，发挥不同学生的所长，培养综合能力。体育课程社团化教学模式吸纳了以上社团功能和作用，并不断改善和扩大。相比体育社团，体育课程社团化教学模式更能培养学生动手能力和扩大人群接触，更好地发挥释放压力和锻炼能力的作用。

（三）协助终身体育

高校体育教学按大纲要求共有 144 学时，合计 108 小时，无法满足大学生的身体锻炼需求。大学体育社团通常按学期计划活动，每周有系统的安排，学生可选择适合自己兴趣和时间的社团参与。通过结合体育课教学和体育社团活动，提升大学生体育文化素养和身体机能水平。大学的体育教育时间较短，仅四个学期，大四学生还需面临就业问题，如果没有养成锻炼习惯，终身体育目标无法实现。大一和大二是学校体育课的时间段，但大多数高校在后两年没有选修课，存在“盲点”。大学生体育社团有效弥补了这个缺失，但缺乏教师指导，知识获取有限，只能模仿学习，无法达到理想效果。体育课程社团化教学模式解决了这一困扰，让学生满意学习和愉快玩耍，同时锻炼能力，延长参与体育的时间，最终培养终身参与体育运动的习惯。

（四）资源充分利用

学校的体育资源并未得到充分利用，大部分时间场地和设施处于闲置状态，从而造成资源的浪费。通过体育课程社团化教学模式的课外活动，可以充分挖掘学校的各种资源，包括那些状况不佳的场地，以避免资源的浪费和场地过度使用的问题。然而，存在一些场馆需要付费的情况，这使得许多学生无法享受使用的权利，同时体育社团也没有特殊的待遇。相比之下，正常的体育教学可以充分利用这一点，让学生在课余时间有机会进入场馆进行运动和锻炼，最大限度地利用学校的资源，减轻学生的负担。

（五）成绩客观评价

由于时间、空间和师生交流等方面的限制，高校体育课堂评价仅仅依赖最终考核成绩，无法全面评估学生在参与度、进步和课外体育活动方面的表现。为了解决这一问题，高校引入了体育课社团化教学模式，注重灵活性和开放性，以多个角度展示学生在课堂学习、教学比赛和社会实践中的积极性和主动性。这样的教学模式使教师能够观察学生在不同组织形式下的表现，提供更客观准确的评价，超越了专项技术考核的局限性。为了更全面、准确地评价学生，学校应建立更为综合的评价体系，以客观评价学生的真实成绩，并激发他们对学习的热情和主动性。这样的评价体系将促进学生的全面发展，并提高他们的学习动力和参与度。

第四章　高校体育教学管理的改革创新

体育教学是学校体育工作的重要组成部分，为了更好地开创我国体育教学工作新局面，须改革创新现有的体育教学管理制度。本章的主题为高校体育教学管理的改革创新，分为高校体育教学管理基本概念、高校体育教学管理探索、高校体育课程管理探索三部分。

第一节　高校体育教学管理基本概念

一、高校体育教学管理的内涵及要求

在学校体育工作中，体育教学是占主导地位的内容，而体育教学管理则是贯穿其中的基础管理方式。利用体育课这一主要安排方式来完成教学任务。运用体育管理的理论和方法，结合体育教学的目标、特点和规律，对体育教学过程的各个环节实现有效的管理，这就是体育教学管理。在学校中，体育教学的质量管理是至关重要的，因为它是体育教学管理的核心组成部分。要保证教学专业化和高效性，管理者需要全面了解体育教学的运作方式，积极听取学生们参与课堂的意见，制定出科学可行的管理制度和方法，并密切关注教学全过程，不断提高教学质量水平。

教学管理是学校各项管理工作的中心工作。教学管理的优劣直接决定着学校教学质量的优劣。它的主要任务是按照确定的培养目标，根据一定的处理原则、程序和方法对教学过程的人力、物力、财力、时间与信息等进行教学的有效组织指挥、控制与协调，建立正常的、比较稳定的教学秩序，保证教学任务的完成与教学质量的稳定。

在当前的教育模式下，教育目标已经深刻改变，不再仅关注于提高学生的文化素养，而更加关注于全面培养学生的能力。除了能提高学生身体素质，体育教学还能促进学生灵活思维能力的发展。将文化教育和体育教育融会贯通，在学生道德、智力和身体等方面全面推进。在体育教学管理过程中，需要遵循体育教学规则，保证按照计划有序开展教学工作，并组织、控制和监督相关活动。学校体育工作的主要组成部分即为体育教学管理。在体育教学管理中，管理体育教学质量是至关重要的一环，旨在全面管理，不断提高教学水平，使之成为体育教学的目标。因此，高校体育教学管理在体育教学中扮演着至关重要的角色。

二、高校体育教学管理的特点与要素

高校体育教学管理涵盖许多因素，包括管理主体、管理对象和管理手段等元素。尽管与其他课程的教学管理有许多相似之处，但也表现出了一些不同的特点。在进行体育教学管理时，需要遵循常规，并同时考虑动作的形成规律、人体机能的适应性规律以及人体生理机能的活动能力变化规律。只有严格遵守这些准则，才能有效地管理体育教学并达成目标。

（一）高校体育教学管理的特点

高校体育教学管理包括多个相互呼应的阶段，需要管理人员作出合理的工作安排。尽管管理人员数量较少，但面临的管理内容却很多。因此，在各个阶段中制订合理的工作计划并按部就班地执行，是十分关键的。体育教学管理需要不断循环和协调，包括学期、学年以及随时需要循环的情况。除了负责指导和管理本单位的体育教学工作，管理人员还需要与上级机构和同级教学管理机构建立有效沟通渠道，提交相关工作报告。因为体育教学包含的任务琐碎、等级不同、教育内容广泛，所以相关工作的覆盖面广泛。除了垂直的交流与联系，还需要水平的协作，以协调各方面的关系并更加高效地解决教学中出现的各种问题。虽然体育教学管理遵循学校的教学计划，但因其独特的教育架构，具备自主的管理目标和范围。体育教学管理不仅仅是辅助任务，而且具有独立的重要性。体育教学管理人员应与教师和学生保持紧密联系，并将管理技能运用在管理、组织和协调教学活动的具体过程中，从而为教师和学生的教学服务提供必不可少的支持。

（二）高校体育教学管理的要素

为了符合学校的培养目标和教学要求，需要重新考虑和建立体育教学管理的各个方面。这样才能够遵循体育教学规律，确立有序的教学流程，提高教学质量，以确保培养的学生能够展现身心健康，并具有终身体育意识和能力。从意义角度来看，运动教育管理是一个循环的过程，需要经历四个关键步骤，分别是制订计划、组织实施、进行评估和总结归纳。

计划管理是管理的基础，必须优先考虑。教学计划是必不可少的，因为它可以帮助教师有效地组织教学过程、安排教学任务并评估教学质量。高等学府的学生培养模式和质量标准也可通过教学计划的制订得以体现。同时还需要在面对不同的教学情境时灵活适应，具有一定的变通性。此外，管理人员需要随着现代科技和社会的变革不断调整自己的策略和适应力。质量管理是一种管理方法，目的是确保教学过程实现每一个教学和培养目标，以提高体育教学质量。它对教学环境、情况、成果以及改革现状进行了全面、科学、规范的管理。要推行科学管理，需要制定切实可行的制度规范，坚决落实执行。教学秩序管理是在规章制度的基础上建立起来的一套科学、规范的教学管理机制，通过对规章制度的执行和约束，促进体育教学不断向更有序、更规范的方向发展。归档管理是一种记录和管理教学信息的方法，它能够详尽地记录教学活动的各个方面及其成果，并涉及教师和学生的各种情况。该文献既是教学改革工作的基础，也是结晶经验的集合，为体育教学科研和规律探索提供了基本素材。在提高体育教学质量和管理水平方面，它扮演了重要角色。因为高校体育是贯彻党的教育方针的重要组成部分，所以实现高校体育任务的基础方法就在于体育教学。

三、加强高校体育教学管理的必要性与迫切性

高校体育是全面贯彻党的教育方针的重要组成部分，体育教学是实现高校体育任务的主要手段。体育课程的目标在于按照课程大纲和计划安排，通过教师向学生传授身体知识、技能和技巧。同时，该课程旨在帮助学生增强体质和塑造正确的思想道德、意志品质，树立正确的世界观、人生观和价值观。最终，这门课程将会给学生树立和植入一个一生受益的体育指导理念。

（一）高校体育教学管理的必要性

1. 高校体育教学要进行科学管理

当今社会，管理和技术被公认为是推动现代经济建设的两大引擎。为了达到预定的目标，有效的管理包括计划、组织、控制、激励和领导等一系列过程，以协调人力、物力、财力等各种资源。因此，任何旨在最大化效益的工作都需遵循科学的管理方法。成功管理高校体育教学是非常必要的，因为它是保证高等教育

的成就和全面培养人才的重要保障。要提升高校体育教学管理水平，关键在于优化教学流程，以提高教学效率和质量。高校的重要地位和巨大作用源于其承担的教学任务。若教学的目标是培养具备全方位的德、智、体素质的优秀人才，那么高效的教学工作是必不可少的。要实现良好的教学效果，必须对教学进行科学化的管理。

2. 高校体育教学要进行现代化管理

高校体育职能部门，即体育部（系），其教学任务是最为重要的。以前，大学体育教学主要依靠开设体育课程来实现。尽管如此，学校教育改革正在逐步关注学生素质和能力的提升，将对专业知识的要求逐渐弱化。市场需要将培养高素质人才作为教育目标，包括适应现代社会发展、勇于探索和保持身心健康。随着全民健身运动的普及，高校体育也增加了新的元素。高校体育教学已经从之前的单一体育课形式转变为更加综合、多样化的教学方式，涵盖了多个层次、因素和形式，形成了更加有机的系统化教育体系。要充分利用这个系统，就必须采用适配它的现代管理技术。

3. 高校体育教学管理决定体育教学质量

在高校中，体育部（系）是执行体育教学任务的一个相对独立的部门，其主要职责是完成相关的教学工作。教学管理人员直接且紧密地与教师和学生沟通交流。良好的管理理念和管理水平对教学质量有直接影响。若不实施教学管理，就无法顺利进行教学过程。因此，高校体育教学的成功执行，在很大程度上取决于体育教学管理的有效落实。

（二）高校体育教学管理的迫切性

高等教育机构的体育教学管理具有非常重要的作用，它对维护体育课程的秩序和提升教学质量有着直接的影响。只有及时建立配套完善的教学管理体系，才能跟上时代发展的步伐，与时代保持同步。高校体育教学的主要目标是发展学生的德、智、体素质，因此打好基础是必不可少的步骤。这是核心任务的重要组成部分。

除了必须遵循体育教学的基本规律，还应当始终坚持高校教学管理原则来进行体育教学的管理。在体育教学过程中，应综合考虑学生的个体差异、教师的现有条件以及场地设施和季节气候等现实情况。为确保有效的教学工作的开展，应充分激发教师和学生的积极性和主动性，并灵活运用教学任务、大纲计划、组织方法和课程安排。

在体育教学管理中，主要的目标在于提高效率，以强化高校的总目标和总任务的达成。采用最先进的科技手段是实现优质体育教学管理不可或缺的条件。需要重新审视部门的管理和运作方式，同时从多个角度出发，采用多种管理方法和措施来应对日益复杂多变的教育环境提出的新要求。

利用科技的优点来进行体育教学管理，运用科学的管理工具和方法，积极推进管理思想和方式的变革。在学校主管部门的指导下，结合体育教学的特性，并借助现代技术和科学管理手段，以期达成更出色的教育成果。

明确教学管理工作的本质，即辅助和服务教学活动。这意味着教学管理人员应该具有为教学工作无私奉献的精神，并真诚地致力于为教学第一线服务。需要利用各种工具和手段来付诸实践，以便将教学改革的理念变为现实。即使工作处于被动状态，也应该加强管理方面的主动性。意识到管理实际上也是一种教育，不断追求以管理育人为本的理念。积极推动教学改革，为教学管理工作创造良好的条件。

一个优秀的管理者不仅仅需要具备出色的职业技能，还要有对工作的高度专注和投入，用心去管理。在面对众多教学管理工作时，必须全面细致地处理每一个问题，坚持严格规范地执行教学管理，并将其从经验管理转化为科学管理。

第二节　高校体育教学管理探索

一、社会对人才的需求与高校体育的历史责任

（一）社会对人才的需求

随着社会的演变与进步，人才需求也会随之调整。在当今社会，人才的标准被定义为需要拥有健康身体、高超的智力水平、稳定的心理素质以及高尚的道德修养。

1. 健壮的体魄

应呈现为身体健康、运动能力全面、生理成长良好、能够持续工作并迅速恢复能力。

2. 高超的智力

随着信息时代的兴起，当代社会对人的智力水平提出了更加严格的要求。除了需要拥有丰富的基础知识和专业技能，还需要具备良好的学习能力、创新能力、观察能力和动手能力。一方面，知识越来越多地融合和交叉；另一方面，越来越需要团队合作共同解决技术难题。在信息快速更新的时代，如果不能掌握学习的技能，就会难以跟上时代的步伐，从而被淘汰。创新能力是一种综合技能，需要稳定的基础，敏捷的观察技能和好奇的探究技能。

3. 良好的心理素质

随着社会的快速发展，人与人之间的互动需要更多的协作和合作。因此，现代社会对个人的心理素质提出了更高的要求。在过去的农业经济时代，人们的生活规律很简单：白天起床工作，晚上休息睡觉。然而，随着科技不断发展，地球似乎变得越来越小，人与人之间的联系也越来越紧密。因此，在现代社会中，人们需要具备一些必要的素质来适应这种新的生活方式，比如充沛的精力、坚定的追求心、好奇的探索精神、专注的工作态度以及承受失败和挫折的勇气和心理素质。

（二）学校体育的历史责任

1. 加强人际交流

人类的需求随着时间的推移逐渐变化，除了满足基本的生理需求外，在精神、文化和社会等方面的需求也变得日益重要。随着这些变化的发生，人们对自身身体发展的意识和期望也随之增强。学校所处的社会地位将越来越突出，学校体育在其中的作用也将得到更大程度的发挥。

学校体育具有实践性和技能性的特点，无论是在课堂上还是在课外活动中，都需要协作才能完成。这种活动可以让学生感受到运动带来的愉悦，同时也促进了人际交往。在学校中进行智育培养，也主张互相帮助，互相学习，但作业得单独完成，听课也不要互相干扰，在体育活动中，通常需要团队合作才能达成目标。运动员在参与体育活动时，需要依据不同的要求扮演不同的运动角色，同时要严格遵守规定的体育规则和行为准则。这实际上是社会活动的一个缩写。

2. 培养终身爱好

在传统的学校体育中，教师、教材和课堂都是核心，采用的是训练化、成人化和程式化的运动教育方式，在运动铸型教育的基础上实施。但现今的高等学校体育教育改革强调自主性，从强制性转变为自主性，其目的是追求学生在学习期间长远和阶段性效益相结合的目标。在教学方面，更加注重实用性和高效性，以身体训练为核心，不再强调运动的内在联系。除了授课运动技巧，还注重教授锻炼方法。此外，也注重强调主体作用，而非主导作用。

从行为科学的视角来看，兴趣是指人们对某种事物或活动的积极投入和探究倾向。这种趋势是有明确的目标方向性的。这种易受影响的趋势是可以通过培养来加强的，与此不同的是，对于兴趣的培养则是各种各样的。有些事物或者行为能够直接激发学生的兴趣，还有一些是因为它们的目的和任务而间接激发了学生的兴趣；而对于一些活动，会在过程中短暂地感到有兴趣，但在结束后这种兴趣也会随之消失。但有一些兴趣则会成为个人心理上的稳定特点。

运动是一种人类特有的社交活动，它有趣、有益，且产生积极的效果。在体育活动中，包括了人们所喜欢的各种形式，从而让人感受到快乐和满足。此外，体育还有助于人们保持健康，这是人类一直以来所追求的目标。然而，形成稳定的心理特征仍然是一项较为挑战性的任务。兴趣的形成需要对内容和过程进行深入了解，这样才能形成稳定的心理状态。从整体来看，需要将被动的体育活动变成主动的体育活动，将学校体育变成一种终身的运动方式。因此，兴趣培养是开启这个锁的关键。

只要一个人对一项活动感兴趣，并且心理倾向相对稳定，就能成功运用个人的主观能力。养成习惯的关键在于持续地、有创造性地、坚韧不拔地追求。尽管实践具有许多挑战和障碍，习惯是克服这些困难的可靠手段。当体育成为个人生活中必不可少的一部分，就会自然而然地养成这种习惯，随着时间的推移，终身体育的观念也会逐渐形成。

二、高校体育教学的意义和指导思想发展

（一）高校体育教学的意义和必要性

1. 体育教学存在的意义

在 21 世纪环境下，高校要提升自身的教学水平和教学质量，就要不断对教育的方式进行改革，与时俱进，正因为如此，高校才能不断发展和培养出一流的学生。如果大学生的身体素质不合格，那么不仅会影响到大学生自身的学习、生活和工作，也有可能会影响到其他人。所以，高校要进行一定的体育教学，不仅是锻炼大学生自身的身体健康，更是让大学生养成一个终身锻炼的好习惯。

2. 体育教学发展的必要性

在 21 世纪发展的今天，世界各国都重视复合型人才和多元化思想价值人才培养，体育技能的有无已经成为人才是否符合社会发展需要的一项重要评价标准，体育健康的发展不仅可以提高人的体质健康，还可以成为人们在压力下进行自我放松的发泄渠道和进行娱乐交友的生活需要。体育的发展使得体育本身具有文化意义和精神文明。体育文化也是一种象征着友好、团结、互助和爱好和平的精神文明，所以，高校学生在体育学习之中，要学习这些体育文化，将体育文化与实际生活相结合，促进体育不断发展。

（二）体育教学指导思想发展的方式方法

1. 贯彻终身体育

在 21 世纪的教学要求下，高校应该把终身体育的指导思想树立到学生的思维体系中去，终身体育尤其适合当下的生活节奏和生活理念。所谓终身体育就是要求人在生活的每个时期和阶段都要寻找到一套适合自身的体育方式来提高自身的身体素质，例如，年轻人血气方刚精神气足，可以采用一些剧烈的运动方式；老年人骨质疏松就适合一些较为缓和的锻炼方式。这种终身体育的健身方式可以让人更好地去适应社会。尤其在一个全民健身的年代，体育方式的多元促进了文化交流的多元，体育如同艺术一样没有国界之分，多元的体育也为不同国家、不同民族、不同身份和阶层的人提供了交流和交往的话题和条件，促进国际优秀文化的交流和发展。而在就业和创新的工作阶段，终身体育能够令人保持大脑的活跃度和记忆力，使人更加年轻，这样才能一直保持活力和思维的创新，从而在工作中创造更多更优秀的价值，为企业的发展带来持续的动力。

2. 加大体育教育培养

21 世纪的体育教育应该摒弃传统的教育理念，将体质教育地位提高。社会的发展需求和行业需要要求高校的体育教学水平要不断提高，这不仅要求体育教师要不断对学生进行培养和教育，还要在学生的思维中强调体育的重要性。理论教育的基础知识是相对较少的，所以学生很快就能够了解到体育运动技巧在实际生活和运动比赛中该如何使用。但是很多学生在高校阶段不了解体育健康的重要性，上课时不运动，空闲时间更不运动，导致个别高校的学生体质越来越差，而要改变这种现状，就要求学生充分了解体育的必要性和重要性：身体素质不仅在生活工作中发挥着重要的作用，它还能改善人的体质，减少疾病发生的概率。在新的时期要将自身打造成一个符合社会标准的高素质大学生，就要不断学会去自主锻炼，在素质教育与体质教育中找到平衡点，为自身打造一套适合自身的体育锻炼模式。

3. 以学生为主体

21 世纪的教育发展理念是以人为本的教育理念，高校体育教学指导思想的中心是以大学生为主体的教学，在体育教学中不仅要训练大学生对于体育基础教学知识和技能的掌握，也要求大学生树立正确的体育观。体育锻炼是终身的健身方式，这种锻炼方式是循序渐进的，不可一日促成，这就要求大学生建立一个长久的目标。体育健身的目标一次次实现的过程就是不断完善自身的过程，同样也能培养大学生自身忍耐力和意志力，能在一次次坚持中不断实现自身的价值。

21 世纪的高校体育教育的核心就是要让学生培养终身体育的意识，在长久的体育健身中提升自身的身体素质和树立正确的体育观，在正确的学习过程中健全自身的人格，做一个符合社会发展和企业需求的高素质复合型优秀大学生。

三、高校体育管理理念变化的认识和对策研究

俗话说得好，身体是革命的本钱。我国的大学已经深刻认识到体育管理的重要性，并开始改变理念，积极发展本校的体育事业，以提升学生的身体素质。

随着素质教育的不断深入和发展，高校体育教学作为传统科目之一，其管理理念不断变化和发展。新的教学理念和方法不断涌现，极大地促进了体育教学的发展和教学质量和效率提高。在这一进程中，体育教学的管理理念也在不断更新和发展，有效地促进了学生综合素质的不断完善。尽管体育教学在进步，但必须承认，仍有许多因素阻碍其发展。所以，需要仔细研究这些挑战，寻找解决方案，来提升体育教育的质量，从而为学生的全面发展打下坚实基础。

（一）高校体育管理理念新变化

随着社会主义文化事业的不断推进和优化，教育作为文化事业的重要组成部分，也取得了显著进步。同时，教育也面对着全新的需求和挑战。根据实践经验观察，高校体育专业学生的数量不断上升，与此同时，学校的教学内容也在不断扩展，体育管理的理念也在不断演进。另外，学生在选课方面拥有更大的自主权，可以根据自己的兴趣和偏好来选择学习课程。同时，建立一个完善、科学的学生期末考试成绩评估体系，能够推动体育教学迎来新的发展，促进学生对体育学习的兴趣培养。

（二）实现高校体育教学健康发展的对策分析

随着形势的变化，高校体育教学的发展也面临新的挑战。在取得一定成就的

同时，还必须认真面对存在的难题，并找到相应的解决策略来提高体育教学效果。可以从以下几个角度展开具体论述：

1. 加大宣传力度

在高校体育教学中，应广泛利用校园内的宣传手段和设备宣传体育教学的重要性和必要性，从而逐步使参与教学的人们的思想观念发生转变。通过实践经验，消除思维上的障碍，减轻传统教学理念的影响。需要积极地介绍新变化，让参与教学的人了解新形势，为高校体育教学的发展奠定坚实的思想基础。

2. 开展专业培训

在现代社会，高校应该注重培养教师的素质，特别是体育教师。为了实现这个目标，有必要主动开展有针对性的培训活动，以提升教师的专业能力。还应该鼓励教师不断学习，并通过实践不断提高自己的素质，以实现教师素质全面提高的目标。此外，高校需要加强对于人才引进的关注并积极吸纳符合教学发展要求的新人才加入体育教学工作中。这样可以为高校的体育教学创新发展提供强有力的智力支持和方向保障。

3. 巩固基础设施

在进行体育教学时，学校需要全面调查和检查所需基础设施，及时更新和维护必要的设施，以确保体育教学顺利开展并有可靠的实物基础。为了保障体育教学的场地及设备，学校应该加大资源投入，着力发展体育教育。此外，学校还应当密切关注时代的发展趋势，引入新的内容，以更好地支撑体育教育的发展。

4. 完善监督制度

面对新的管理理念，高校需要制定相应的规章制度，并不断完善和补充现有体育教学制度，以确立健全的制度基础和保障体育教学的发展。同时，应强化制度监管和约束机制，并在实际执行过程中充分利用这些机制对政策和措施的落实情况进行监督，以避免仅形式上的执行，并确保每个对策都能切实落实。

5. 坚持以生为本

在高校的体育教学中，应注重学生的主体作用，坚持以学生为中心的教学模式，激发学生热爱体育学习的兴趣。此外，应当授予学生有权自主选择学习科目的机会，以激发他们更加积极主动和富有创造性的学习精神。这种教学方式可以彻底改变体育课堂现状，提高高校体育教育的质量和效率，全面提升学生的多方面素养。

随着时间的推移，高校对体育管理的理念不断地进行创新和提升。在实践中，需要结合客观实际情况，全面分析体育管理的问题，并找到解决问题的思路。将这些措施付诸实践，促进体育教学的改善和发展。在实践中，应该深刻理解体育教学发展的最新动向，然后积极主动地打破思维定式，接受并应用最新的管理理念和方法。需要摒弃过时的管理方式，积极探索和推进高校体育管理理念的更新和发展，以此为实现高校体育教学全面发展打下坚实的基础。

第三节　高校体育课程管理探索

一、高校体育课程管理概述

（一）学校体育课程管理的概念

学校的体育课程是指为学生提供的一系列教学内容，其中包括规定的或由学生自主选择的体育学科和活动课程，这些课程有着规定的时间、步骤和锻炼方式。此外，该计划还涵盖了学生在不同阶段所需要达到的体育基本素质、技能和身体健康水平的规划和设计。在学校教育中，体育课程的作用至关重要，它是体育教育的核心组成部分之一。体育课程的质量和水平直接影响全校的体育教育质量。

“课程管理”是指采取一系列运营策略来管理课程。必须明确课程管理、学校管理和教育管理之间的独立性。教育机构的管理范围往往涉及课程管理，是管理体系的核心要素。

学校体育课程管理是在学校体育课程教学基础上，以确定的管理目标和指导思想为基础，建立起具有系统性和科学性的管理框架。通过定量分析，该方案充分综合了体育教学管理的各项因素，并设计了一套多层次、相互制约的管理措施，以提高教学效果。体育教学的终极目的是使日常体育教学走上科学化的道路，以提高教学的质量和水平。推动体育教育课程的建立和进步，以促进学生全面发展，包括道德、智力、身体和审美方面的发展。它是体育课程教学质量提高的关键因素，是满足现代各类学校培养合格人才的需求，并实现体育教育目标的必要组成部分。

（二）高校体育课程管理的基本原则

要对高校体育课程进行有效的管理，必须坚持课程活动和管理活动的规范化流程。在实施具体课程管理活动时，高校的体育教研部需要遵循以下三个原则考虑：

1. 以学生发展为基本原则

本质上，体育课程旨在促进学生的全面发展。因此，在管理体育课程时不能把手段视为终极目的。高校的体育课程管理应当始终以学生的全面、主动发展为核心，以尽可能地满足学生的发展需求为目标。

2. 自主性原则

高校体育课程管理是学校课程管理体系中不可或缺的一个组成部分。体育教研部应负有重要责任，需要积极地策划和执行国家体育课程的教学指导纲要，并自行研发学校的体育课程，以确保权力和职责之间的流畅衔接。此举体现了课程管理的自主性原则。

3. 针对性原则

在学校实施素质教育的整个框架中，体育课程是不可或缺的组成部分。然而，与其他课程相比，体育课程有着独特的目标和价值。因此，针对高校体育课程的独特特点，需要提出独特的管理要求，以确保最佳实践得以实现。

二、高校体育课程管理体系的构建

（一）高校体育课程管理体系构建的理念

1. 以创新促进课程发展

创新是高校体育课程管理体系发展的关键，它与发展密切相关。在构建这一体系时，创新不仅是内在动力，更是其灵魂所在。在建立高校体育课程管理体系时，需注重引导创新思维，确立创新的管理机制和安排，并促进不同课程之间的融合，这些都是非常重要的创新方面。这些因素构成了高校体育课程管理的基础，同时也是高校规范和有效实施体育教育的必要条件。从发展的角度来看，高校在建立体育课程管理体系时应充分考虑当前时代的需求以及社会对人才培养的需求。

2. 以发展引领结构创新

所有事物都是通过不断的演化和推动而形成的，这过程中必然包含一些创新的成分，以及在已有元素的基础上进行的整合，这符合一般事物发展的规律。高校体育课程管理体系的构建应以发展为核心，通过不断创新，推动其进一步发展，并确保创新成分与该体系的发展相互促进。这不仅是高校体育发展所需的现代要求，也是高校需要承担的新使命和新任务。必须持续改进体育课程管理体系结构，这样会带来日益增多的创新元素，并确保这些创新元素得到实际应用。这样，就可以促进体育课程的良性循环和不断发展。

（二）高校体育课程管理的主要内容

1. 计划管理

这主要涉及对课程的设定、安排和教学时间的规定，需要进行全面规划、决策和整合安排。

2. 标准管理

这是一个策划学校体育教育计划的过程，它包括理解国家体育课程教学指南和标准的解释，以便确定本校培养学生综合素质的目标以及体育教育的培养目标。最终，具体的体育教学目标得以确定。

3. 编制管理

首先需要制订学年计划，设计教学计划，确定学分和学时，还需创建教学日历和课时表等，以确保课程的顺利实施。

4. 实施管理

主要任务包括选择和编辑教学用书、教学参考书、视频资料和多媒体资料。这包括确保每门课程都有专业的老师教授，安排好教学计划和日常安排，定期检查教学质量，以及组织和指导学校体育活动和课外活动。

5. 条件管理

这个包括了确保教学资源的配备、更新、维修和保管，建立和完善各种管理制度及其检查等。

6. 评价管理

这涉及针对国家体育教学指南、教学大纲、教材开发和使用、教学过程和管理等方面的评估。

三、高校体育课程管理体系改革的新要求

（一）高校体育课程设置的科学性

高校的体育课程设置是高校体育课程结构改革的重要体现，它反映了高校体育课程管理体系的发展方向。在高校体育课程管理体系改革的推进中，应特别重视科学化的课程设置，以反映高校体育发展的先进性。随着时代的演进，高校的体育课程管理体系需要面对全新的需求和庞大的挑战。课程的编排应当科学合理，能够逐步达成教学目标，使学生逐步形成健康的体育态度，并建立可靠的基础。作为高校体育课程结构变革的重要组成部分，高校体育课程设置凸显了改革思想的深入推进。以促进学生全面发展为主要目的，通过有针对性的课程设计，提高高校学生的综合能力，从而激发他们对参与体育教学活动的兴趣。通过启发他们的思维，不断寻求创新来发展高校体育管理体系，以此积极促进高校体育事业的进步。

（二）课程管理机制构建合理性

在改革和构建课程体系时，管理机制的建立是必要的保障措施，因此应该优先考虑。我国现代高校的体育教学管理机制，主要包括对课程的监管、评估和实施等三个方面。这一机制反映了在高校体育课程管理方面合理建设的成果，同时在高校体育课程管理体系建设过程中，发挥了重要的指导和监督作用，逐渐证明了课程体系的科学性。在高校体育课程的科学构建中，课程监督扮演着至关重要的角色。通过监控过程，有效评估课程设计，可以充分表现学生的参与水平。高校体育课程管理机制的改革，关键在于课程评价，这是推进体育课管理体系发展的重要因素。同时，课程评价也是改革的基础。通过准确的课程评价过程，可以发现课程设置中的具体问题，并为进一步改进课程提供重要的动力。建立高校课程管理机制需要在课程实施过程中具体实践，并重视课程资源的有效利用。实施课程时，可以全面展示高校体育课程管理体系机构改革的优点和不足之处，同时也能够为后续改进该体系提供促进作用。

（三）从高校实际出发设置科学课程比例

要建立有效的高校体育课程管理体系，必须根据各高校的具体情况和面临的

挑战，进行相应的探索。同时，需要从根本角度出发，不断完善课程体系并进行创新，以促进发展。在高校体育教学改革中，科学合理的课程设置比例关系极为关键，这种比例关系对于教学效果产生了深远的影响。高校体育教学一般可以划分为国家级、地方级和校内级三个层次的课程体系。其中，国家课程、地方课程和校本课程是三种不同的分类方式。正如它的名称所暗示的那样，国家课程是高校体育课程中必不可少的组成部分，并在教学体系中扮演着至关重要的角色。高校体育选修课程的设计是建立在地方课程的基础之上的。校本课程是将高等学府体育特色融入相关课程，从而形成一种结合体育特点的课程。高校体育课程管理体系的核心组成部分是这三类体育课程。注重规划和布局地方课程和校本课程在课程体系建设中至关重要，因为这两个方面可以促进国家课程的发展。如果不恰当安排地方课程和校本课程，则课程体系将无法完整有效地发挥作用。为了全面提升学生的身体素质和基本能力，同时改变学生对体育的态度，可以运用科学的比例设计课程，并针对地域特色和高校体育发展优势进行调整，以达到高校体育课程改革的新目标。

第五章　高校体育文化建设

校园体育文化在对学生进行全面的素质教育中起到重要的作用。本章重点论述高校体育文化建设，分为高校体育文化构建策略、高校体育中的传统体育文化传承两部分。

第一节　高校体育文化构建策略

一、构建高校校园体育文化的意义

（一）补充校园文化

1. 推进学校管理建设

校园体育文化是相对特殊的体育文化，是相对于校园外而言的，课外活动是其关键性内容，以校园精神为主是其显著特征。这些共同组成了独特的校园体育文化氛围，同时和学校目标、校风、学风、学校精神面貌存在着不可分割的联系。在校园内，不管是进取精神、拼搏精神，还是创造精神和集体观念均可在体育中充分反映出来，参与体育活动有助于学生逐步养成良好的行为习惯以及精神面貌，这种方式产生的管理效果是校纪和校规难以取代的。校园体育难以被取代还是其特殊之处的详细反映。校园体育文化是一种自我约束管理方式，参与体育活动或体育竞赛的学生应当把集体利益以及集体荣誉摆在首位，严格遵循公平公正的原则，促使自身拥有强烈的全局意识，逐步减少对其他监督、其他管理的依赖。

2. 凝聚校园文化

学生之间、教师之间、师生之间、年级之间以及班级之间存在壁垒是很多学校都存在的问题，采用传统教学模式是出现这种问题的重要诱因，这种现象的最终结果是校园文化作为一个文化群体处于孤立状态。当文化处于独立状态或者分散状态时，文化凝聚力的发挥必然会受到或多或少的影响。多元性是校园体育活动的一项显著特点，师生参与校园体育活动能够增加彼此间的凝聚力，促使师生形成融洽的关系，促使教师和学生全面了解彼此，缩短教师和学生之间的实际距离，由此从根本上增强校园文化的凝聚力。

（二）提升学生创新能力

更快、更高、更强是体育运动一直以来都在追求的目标。但现阶段校园体育的技战术发展水平以及体育内容和学生实际需求存在很大差距。为此，学生必须全方位地挖掘并发挥自身在身体与智力上的潜力，方可不间断地迎接新挑战、学习新知识，而学生只有参与各类体育锻炼与比赛方可使自己的技战术水平得到质的提升，进而实现挑战自我、发挥自身最大价值的目的。还需要补充的是，要想促使学生个性健康发展，开拓创新能力同样是必不可少的。

（三）协助全民健身计划

1. 落实全民健身计划

全民健身计划内容丰富，校园体育文化是一项至关重要的组成部分。《全民健身计划纲要》指出："全民健身计划以全国人民为实施对象，以青少年和儿童为重点。"青少年与儿童承载着我国今后发展的希望，能够在我国社会主义建设事业中发挥很大的作用。从某种角度来分析，青少年体质水平是民族素质水平的重要反映，而青少年身体发育的最好时间段就是上学时期，推动学生身体发育的一项关键因素就是体育锻炼。校园体育文化建设就是指要积极组织和开展一系列体育锻炼活动，校园为这些体育锻炼活动提供了空间、教师在体育锻炼活动的开展过程中发挥着主导性作用、学生扮演着体育锻炼活动的主体角色。对于参与体育锻炼活动的学生来说，往往可以获得良好的身体素质，而且在体育上有所进步，学生养成的良好锻炼习惯对其形成"终身体育"锻炼意识有很大的帮助。

2. 为全民健身服务

当学生受校园体育文化的影响，在课余时间参与体育运动，对其掌握具体运动项目的技能有很大的积极作用，对学生形成健康向上的体育观、世界观、人生观也有很大的积极作用。学生进入社会后，就能够把在学校掌握的体育知识、运动技能、逐步形成的体育观和世界观传入社会，同时凭借自身的体育精神与行为对其他人产生影响。还需要补充的是，学校相对完善的体育设施以及浓厚的体育锻炼氛围，能够对全民健身活动的开展产生很明显的积极作用。

二、构建高校校园体育文化的内容

（一）体育课程建设

1. 理论课建设

理论课建设的整体思路是向学生讲授体育文化知识和体育卫生保健知识。向学生讲授有关体育运动的原理和知识，有助于学生深刻认识体育，从而更加深刻地认识到体育在方方面面的作用，由此激发学生参与体育教学活动的主动性。与此同时，教师向学生传授保健和卫生知识，能够使学生深刻理解保持健康的必要性，同时使学生自觉维持身体健康所需环境，有效掌握和运用具体的保健措施，推动学生自觉扮演保护环境、保持健康的角色。对于此类理论内容而言，一定要设法和学生日常生活中经常遇到的问题构建紧密联系。另外，理论课建设过程中选择此类内容时应当避免选取联系不紧密、逻辑不清晰的内容，要始终都跟得上社会发展节奏，精挑细选出对学生有益的体育和保健内容来开展各类教学活动，此外，要尽最大可能挑选联系运动实践部分的内容，最终高质量完成组织建设工作。

2. 实践课建设

具体来说，体育实践课就是组织学生在体育场馆内参与身体活动的课堂教育。完成实践课建设的主要目的是推动学生掌握身体锻炼方面的技能和手段，同时把学习并掌握的理论知识应用在实践活动中。由于实践课建设往往是依靠教学达成的，所以，在教学过程中应当以谨慎的态度选择实践教学内容。一般来说，高校校园体育实践课建设中的主要教学内容如下：

（1）球类

球类运动包括足球、篮球、排球、乒乓球、羽毛球、橄榄球、网球等。教师传授球类实践知识有助于学生深刻理解球类运动的大体面貌以及球类比赛的共性特点，以更高的效率掌握球类运动的基本计划与基本战术，由此确保学生在参赛时已经掌握部分知识和技能。球类实践知识的技术和战术往往相对复杂，各项技战术或者技战术之间的组织存在着彼此依存、彼此限制的关系。由此可见，筛选出适宜教学的内容存在较大的难度，不清楚从哪个角度考虑是经常出现的状况。

如果仅仅对单一技术展开教学，则会使进行球类运动的实质丧失，学生将无法有序地参与比赛并应用，同时会降低学生参与球类运动的主动性，最终也难以有效应用与提高单个技术。然而，如果想要全面讲解并介绍则必须分配足够的时间，部分球类运动要想实现具体的教学目标往往需要一学年的时间乃至超过一学年的时间。由此可见，倘若想有计划地实现这种类型的目标，则有必要把各个方面的因素都考虑在内，将技术教学、战术教学、教学比赛充分融合在一起。

（2）体操

体操运动包括技巧、支撑跳跃、单杠和双杠等。体操作为一个运动项目，能够使人的力量性、平衡性等多项能力都得到有效发展。体操的发展历史较长，体操运动从人类进入文明时代开始就伴随着人类发展，体操运动的发展和人类战胜外界物体的渴望存在很大联系。在体操课中，教师应当确保学生认识到体操运动文化的整体面貌，促使学生深刻领会体操运动能够对人体产生锻炼功能，设法使学生掌握体操运动的基本原理与特点，高效掌握具有代表性和实用性的体操技能，同时带动学生凭借已经掌握的体操动作来参与身体锻炼、娱乐活动以及竞赛活动，灵活运用保护和帮助的手法参与体操运动。

教师在选择体操实践内容时，应当把学生的竞技水平、生理水平以及心理水平等考虑在内，设法使学生的各项素质都获得全面发展。在体操的教学活动中，教师应当把循序渐进当成一项始终都严格遵循的原则，通过逐步增加动作难度、动作幅度、变换动作连接等手段来提高教学难度，由此使学生在体操方面的技能得到大幅度提升。

（3）田径

田径运动与人的走、跑、跳、投等基本活动能力存在紧密的内在关系，因而被人们称为“运动之母”。教师选择并传授田径教学内容有助于学生认识田径运动，深刻领会田径运动锻炼人类身体的作用，带动学生深刻理解跑、跳、投等的基本原理和特征，全面掌握具备基础性特征和实用性特征的田径运动技能以及借助这项运动发展自身体能的手段与注意事项。此外，应使学生掌握部分基础的田径裁判与组织比赛的技能。就田径运动的教学内容来说，其不仅和田径运动技能存在直接联系，还和人们战胜困难、参与竞争的心理要求存在联系。由此可见，体育教师应当立足于文化、竞技、运动、心理体验等多个层面认识并探究田径运动的教学内容，同时以积极的心态组织和开展教学活动。

（4）民族传统体育

武术、导引、气功等我国56个民族的传统体育内容都是民族传统体育的内容。民族传统体育作为一类教学内容，能够向学生普及我国优秀且丰富的民族传统体育知识，同时促使学生准确掌握利用民族传统体育运动达到健身目的和自卫目的的具体方法。除此之外，学生在学习和掌握各项技能的过程中也可以进一步领会我国的"武德"精神，教师不仅要让学生自觉学习武术中的礼貌举止，还要将其和爱国主义精神以及民族自尊心的培养充分融合在一起，确保所有学生都能够掌握相应的基本功以及主要动作。

参与民族传统体育教学活动的教师应当预留充足的时间，并且确保教学达到预期效果。民族传统体育项目往往会对学生的基本功提出较高要求，而学生要想达到这一要求往往需要练习很长时间。由此可见，民族传统体育教学的重点不应当是促使学生学习并运用一套套路，而应当联系学生的心理特征把教学内容的文化性、实用性、范例性、文化背景、深远意义都彰显出来。

（二）课外体育活动

1. 学生的课外体育活动

（1）全校活动形式

全校活动往往具备规模大、气势大以及影响广泛的优势，便于统一领导与指挥，可操作性极强，便于组织与管理者更加高效、更加有序地完成督促、检查以及评价的相关工作。全校活动形式的主要作用是：其一，对班级与年级之间的学习与进步有推动作用；其二，有助于组织和开展关于学生的爱国主义与集体主义教育；其三，能够增强学生遵纪守法的意识以及集体荣誉感。需要注意的是，全校活动形式常常会受场地、组织措施、学生个体差异等多方面因素的影响，早操和课间操比较适宜。

（2）班级活动形式

班级活动形式的优点是生动、组织管理比较方便、具有巨大的选择空间、对其产生制约的因素少、学生获取的锻炼效果比较理想。班级活动的单位是教学班，承担组织职责的一方是班级体育委员，团支部、学生会等组织的其他班干部起到协调作用。除此之外，对开展班级活动发挥指导与辅助作用的是班主任和体育教师。

（3）小组活动形式

对于小组活动形式，建议教师结合学生的班级、性别、兴趣爱好等因素完成分组工作，如教师结合学生兴趣爱好设立网球组和羽毛球组。每组组长应当由体育积极分子或者在对应运动项目上占据优势的学生担任组长，担任组长的学生应当带领全组完成各项任务。需要补充的是，体育教师应当结合具体季节、场地器材等条件来选择并确定小组的活动内容。

（4）团体活动形式

一般来说，团体是由体育喜好与体育特长一样或者相近的学生自发组成的。共同的目标、兴趣喜好、特长带动学生自觉组织并构建成团体，携手参与并完成相关的体育活动，相互沟通、相互帮助达到共同进步的目标，加深学生之间的感情，同时在团体体育活动中深刻领会体育活动带来的快乐和乐趣。团体开展的体育活动往往拥有多种形式。

团体的组织无须遵循严格的规定，成员的实际数量往往会根据实际状况决定，团体成员时常会出现变化。团体成员不会局限在一个班级或者一个年级中，其他班或者其他年级的学生也可以充当团体成员。团体活动无须开展专门化的管理，原因在于团体组织相对随意，活动时间与活动地点都是不固定的。

就学生参与的各种课外体育活动而言，团体体育活动产生的正面作用是其他组织形式难以达到的，这种形式的课外体育活动能够促使学生逐步形成体育兴趣、体育锻炼习惯以及终身体育意识，最终使学生的身体素质、心理素质、人际交往能力都获得全面发展。

（5）个人活动形式

具体来说，学生参照自身体育喜好，应用体育锻炼手段并达到相关要求，在此基础上结合自身主观意愿选择并参与具体的运动项目，在课外活动中单独锻炼的活动方式，即个人活动形式。从整体上分析，个人活动是能够发挥多重作用的体育实践活动之一，不但能彰显学生在体育意识上的觉醒，也有助于学生逐步形成对体育运动的兴趣和良好习惯，能够促使学生更加高效地完成各项学习目标。

一般来说，学生往往是因为有浓厚的体育兴趣而自发参与体育锻炼，学生坚持参与体育锻炼有助于其在体育知识、身体素质、运动技能等方面逐步形成稳固的基础，逐步成为班级中的体育积极分子。

由此可见，体育教师应当高质量完成对学生的引导工作，推动学生全面发挥自身的特长与优势，由此逐步实现以点带面、全面提升的目的。许多方面的内容都可供个人活动所选择，大部分学生会优先选取有浓厚兴趣、满足自身需求的运动项目。个人活动和其他类型的活动不存在矛盾关系，并非有绝对意义上的排他性，这种活动形式能够和集体活动产生彼此促进、彼此转化的关系。

（6）俱乐部活动形式

近些年来，各级学校特别是高校体育俱乐部活动的课外体育活动俱乐部应运而生。俱乐部的常见类型是单项俱乐部和综合俱乐部。学校创办俱乐部的主要依据是学校的场地设备、体育传统优势、师资力量等，学校下拨的经费、学生缴纳的会费和社会赞助是俱乐部的主要经费来源。绝大多数学生会结合自己的喜好自觉成为俱乐部成员，同时在俱乐部参与感兴趣的体育锻炼活动。学生参与俱乐部的目的不尽相同，如提升自身的技术技能水平、锻炼身体、愉悦身心等。俱乐部活动的显著特征是组织管理专门化、配备达到专业要求的指导教练，这种形式往往能够取得理想成效。

2. 教师的课外体育活动

教师同样是校园文化的主体，组织并开展专门针对教师的课外体育活动存在很大的必要性，这不单单是营造高校校园体育文化氛围的要求，还是全面健身活动发展的要求。

（1）组织有利于压力缓解的体育活动

登山运动等可使教师的压力得到缓解，使教师暂时忘掉工作上的问题，锻炼身体、消除心理疲劳、拥有良好的精神状态。除此之外，学校可以举办不同形式的体育比赛，这样有助于提高教师的体育技术水平和身体素质。

（2）组织师生之间的体育比赛

在日常的教学活动中，多数教师会采取严肃的态度，学生也会由此对教师产生距离感。组织和开展师生比赛能够把教师和学生拉到一个层面，促使两者自由发挥自身的个性，遵循公平竞争原则，将自身具备的体育技能充分发挥出来，比赛结束后针对体育或者双方感兴趣的话题展开探讨，由此加深彼此之间的了解，拉近教师和学生之间的距离。年龄偏大的教师往往不适合参与大强度的体育运动，建议这些教师尽可能选择运动强度偏小的运动。

（三）体育竞赛

1. 校内体育竞赛

校内体育竞赛可以加快学生个性发展的速度，全面提高学生的各项水平，有效陶冶学生的情操，为学生营造并提供良好的学校体育氛围，这些积极影响是其他活动难以企及的。学校应当积极组织和开展各种形式的体育竞赛，开展过程中应当遵循的原则是面向学生、服务学生，自觉选择并运用大众化的组织形式与比赛手段。

参照组织的具体等级，能够把校内体育竞赛划分成校级体育竞赛、院级体育竞赛、年级体育竞赛或者班级体育竞赛。常见的竞赛项目是田径运动、篮球运动以及羽毛球运动等。除此之外，学校应当积极组织和开展小规模的比赛，原因在于这些比赛要求有很多参与者，往往能吸引很多学生。以校际体育竞赛为比较对象，各个班级共同组织的体育比赛具有鲜明的灵活性，适合各种体育爱好的学生。开展校内体育竞赛有助于高校校园体育文化形成巨大的凝聚力。

2. 校际体育竞赛

从开展目的来说，校内体育竞赛旨在大范围传播体育精神，促使学生自觉成为体育锻炼的参与者；校际体育竞赛旨在增强各高校的交流和沟通，大幅度提升学校的文明形象，此外还可增加学校和社会交流的机会。世界大学生运动会就是校际体育竞赛中级别最高的一项体育赛事，这项体育赛事已经成为一项国际比赛，参赛学生能够将自身的活力以及实践技能展示给世界各国人民。

三、构建高校校园体育文化的要求

（一）物质文化建设讲究实用与安全

1. 实用性

当前，很多学校的体育场地和体育器材都无法满足学生的需求，所以，学校在修建体育场地、购买体育器材时应当考虑器材和场地的实用性，必须始终遵循的一项原则是尽最大可能满足学生的体育需求。部分高校在设计体育场地时过度重视体育场地的美观和市场，没有考虑场地的实用性，因此造成资金浪费、学生需求难以满足、学生价值难以发挥的局面。

2. 安全性

健康体育拥有很多理念，安全是一项基础性理念。在开展学校体育活动过程中出现的安全事故往往是违背安全规范造成的。因此，在实施校园体育物质文化建设的过程中，应当反复重申安全的重要意义，定期对体育场地和体育器材等进行检查，及时更换使用时间过长或者未达到标准的器材，从而为学生的安全提供保障。

（二）构建高校校园体育文化应当选用多元化的组织形式

健身校园体育文化应当和时代发展的要求充分适应。当前，运动会、体育课、课间操是学生开展的常见校园体育活动，但很多校园体育活动已经不适应时代发展要求，无法全面满足学生的体育需求。校园体育文化发展对学校提出的要求是：积极开展多样化的体育活动，保证所有体育内容达到健康性要求，保证所有体育活动达到娱乐性要求。由此可见，多元化发展道路是校园体育文化建设的一个重要方向，多元化发展往往会凭借多样化组织形式反映出来。只有多元化的组织形式才能最大限度地满足学生的体育需求，充分调动学生参与体育锻炼活动的热情和积极性。

第二节　高校体育中的传统体育文化传承

一、文化遗产与体育文化遗产基本概念

传统体育文化属于非物质文化遗产，是中华民族创造的灿烂文化的一部分，是人类共同的骄傲。非物质文化和其他事物一样，都有产生、发展、辉煌、凋零和继承保护的过程。非物质文化遗产是不可再生资源，随着全球化趋势和现代化进程的加快，我国的文化生态正在发生巨大变化，文化遗产及其生存环境受到严重威胁。然而，在历史的发展、社会的进程中，人们会不自觉地丢掉属于自己精神领域内本性的东西，盲目地追求外在浮华的物质。

（一）非物质体育文化遗产保护的意义

1. 体育文化遗产保护的社会效益

每一个历史时期都有自己的使命，使命决定于当前历史的发展状况和状态。救助是源于主流文化的缺失、观念的淡薄、意识的落后等；补正是源于异族文化的嫁娶，文化是民族的灵魂。必须清醒地认识到当前流行的体育文化是以西方为主钟典模，非物质体育文化遗产的价值与继承，这种文化是全球性的强势文化，必须把握历史必然阶段的文化交流与融合，必须清醒认识到我国非物质体育文化保护的社会价值，这就注定是这一代体育人的历史使命。我国非物质体育文化遗产是民族的心里情结，是世世代代生息的土地上文化血脉的流承，是文化传播的基因。文化的国际交往有助于文化的交融和发展，但是有一个不变的原则就是以承传主流文化为前提。

2. 体育文化遗产保护的文化效益

我国少数民族因为各自的生活环境、文化发展程度、经济发展水平、气候气象的不同孕育出了不同特色的少数民族文化，体现了这些少数民族“风里来，雨里去”的生产和生活中形成的特别能吃苦耐劳的文化传统。非物质体育文化遗产

是中华民族非物质文化的子文化，文化遗产虽然是历史尘封的记忆，但与过去的历史事件、历史阶段和历史人物紧密相关，是历史发展的物证，是文化遗存的活化石，对研究历史有着重要的价值。因此，非物质文化的保护价值是多元的，不同的地域散发着不同地域的文化气息。

非物质文化遗产是人类自己创造的，它的继承和保护依然要靠人类自身来维系。通过加强区域性保护、建立法制体系、形成自觉保护意识可对文化做最好的延承。

3. 我国体育文化遗产保护的现状

（1）对保护工作的紧迫性认识不到位且意识淡薄

随着世界经济一体化和文化全球化的冲击和人们生活方式的改变，人们将更多的目光投射到奥运会、亚运会。民族传统体育的发展在世界体育文化日益多元化的趋势下面临新的机遇和挑战，许多人包括体育工作者本身，都认识不到体育非物质文化遗产日益恶化、加速消亡的现实，更多地把主要精力放在了如何发展学校体育和竞技体育上，而很少有人关注民族传统体育，认识不到传统民间体育文化属于不可再生资源，缺乏民间体育文化保护的紧迫感、责任感和使命感。

（2）新的社会环境变迁对体育非物质文化遗产保护的影响

体育非物质文化遗产保护要求在对某一具体对象进行保护时，不能只顾及该事物本身，而必须连同与它的生命休戚与共的生态环境一起加以保护。体育非物质文化遗产大多产生于传统社会，流传于民间，尤其是较为封闭的少数民族地区。我国传统社会是以家族、村落、社区为基础环境的农业社会，随着现代经济文明的迅速发展，传统的农耕文化向现代农业、新型工业、旅游等现代文明方向发展，传统体育依赖的环境也在不断发展变化之中，社会经济的改善与变迁是不可逆转的。因此，部分传统体育非物质文化遗产在实际保护中受到重大影响，是体育非物质文化遗产保护中的重大难题。①

（3）体育非物质文化遗产保护与商业利益的矛盾

任何事情都有其合理性，对于传统体育文化等非物质文化遗产的商业开发不能横加指责，尤其是传统体育文化大多产于落后的民族地区与农村地区，对于群

① 李伟亮，王德泰 . 民族传统体育文化遗产保护的思考 [J]. 侨园，2021，（8）：76.

众来说，参与商业表演与经营是其改变贫困落后的重要途径，外界不能单纯以商业化的理由阻止群众为改善生计而作出的努力。在西部地区，还有相当一部分离土不离乡的人，他们同样需要提高自己的生活水平，人们不能简单地为了让他们保护世界文化的多样性、保护某种文化遗产的表现形式而固守贫穷。在市场经济体制下，周边的社会生活大都被烙上了商品经济的烙印。在这种情形下，任何将保护传统文化与市场经济分离的想法在实践中都会变得异常艰难。当前，出现了把申报非物质文化遗产当作是开发旅游或者是兴办其他文化产业的手段的现象，而这些非物质文化遗产的本质是广大人民群众的生活方式。

（二）中国体育遗产的可持续性发展

1. 吸收先进文化

华夏民族传统体育文化实际上是融合了许多古代民族传统体育文化而形成和发展起来的。汉唐盛世文化繁荣，体育活动丰富多彩，蹴鞠、马球运动等形式无论在规则，还是在内容上都较具先进性，这有多方面原因，而吸收西域文化是其中一个重要原因。只有民族的，才是世界的，作为中华文化重要组成部分的中华民族传统体育，在经济全球化和体育全球化趋势的背景下，只有积极寻求可持续发展之路，使之既保持自身的民族特质，又汇入现代体育的共性，实现现代化发展，才能获得生存与发展。

2. 多渠道、多层次、多形式筹资

在民族传统体育中，许多器械落后、不安全，要改善这些基本条件，使其朝着规范化、科学化的方向发展，首先要解决资金问题，国外在开发和保护传统体育文化时，采取了各种各样的手段和措施：一方面，加大政府投入，设立专项基金；另一方面，实施差别税率，鼓励社会资金投入文化的开发和保护上来。

要促进民族传统体育的发展，不能只靠国家投资，要采取多种投资形式，鼓励企业、个人和外商进行投资，开发民族传统体育，为民族传统体育的发展提供必要的设施、场馆，从而更好地贯彻全民健身计划。

3. 发展民族传统体育文化、旅游产业

多姿多彩的民族体育活动、色彩斑斓的民族体育服饰、体育用品及自然资源等形成了中华民族特有的民族传统体育文化旅游资源。来自世界各地的旅游者，带着不同的价值观，甚至是不同的文化观对民族传统体育文化旅游产品进行认同、接受和批评等，促使民族体育文化产品的设计用意、内涵加以改进，有利于民族传统体育朝着产业化、市场化的方向发展，增强民族体育文化的竞争性，促进其全面发展。

总之，人类社会在不断的发展中，曾经创造了辉煌的文明，同时也留下了丰厚的文化遗产。在这些文化遗产中，有的只能通过字里行间和古老的岩画、壁刻去体会；有的还能亲身体会她的伟大魅力；有的已经化为烟尘，永远不再为人知了……但是这些文化遗产都为人类的文明进步作出了或者还在做着贡献。珍惜、保护、传承文化遗产就是为了人类的明天有一个更好的发展。体育类文化遗产作为人类遗产中的重要组成部分，也具有同样不可替代的作用。保护和利用好非物质文化遗产，对于继承和发扬民族优秀文化传统、增进民族团结、增强民族自信心和凝聚力、促进社会主义精神文明建设都具有重要而深远的意义。

（三）中国体育文化遗产传承与保护的策略

民族传统体育是民族传统文化的典型代表，保护民族传统体育文化是社会和时代提出的要求。挖掘整理、继承弘扬我国优秀的民族传统体育是一项十分紧迫的工作，也是一项十分艰巨的任务。

1. 民族传统体育文化的保护形式

在我国，许多民族关于历史文化的文字记载较晚，甚至有些民族根本没有形成自己系统的文字，那么用身体语言进行历史教育就成为民族文化传承的重要方式，而体育文化就是身体语言的重要形式。由此看来，保护好民族体育的继承人与代代传授的方法是保护民族传统体育文化的重要途径。

（1）开展全国性民族传统体育盛会

在全国少数民族传统体育运动会上，共有 16 个竞技项目，3 大类表演项目展开角逐。它不仅成为我国民族传统体育文化展演的舞台，更是成为我国各民族和谐团结、拼搏奋进的重要象征。第一届少数民族传统体育项目运动会成功举办以来，越来越多的少数民族群众参与其中，越来越多的少数民族民间体育项目被纳入比赛中。从第八届全国少数民族传统运动会开始，取消金牌榜，更没有人使用兴奋剂，前八名的选手可以在同一个领奖台上领奖，在这种和谐友谊的比赛理念影响下，没有人使用兴奋剂，这种亲和力使各民族团结在一起，和谐友好相处。这样民族传统体育项目不仅被很好地保护，而且通过比赛的角逐使项目本身趣味性增加，这对民族传统体育文化的发展和传承起到了推动作用。

（2）建立民族传统体育文化保护基地

国家为了保护原始的自然环境和濒临灭绝的动物建立起自然保护区，民族传统体育文化的保护工作可以吸取其宝贵经验，建立一系列传统体育文化保护基地，选拔优秀的继承人，开办民传教育班，培育民族传统体育文化的传承后代，组建民族传统体育资源开发和整理部门，发扬优秀传统体育文化，将其推向全国乃至全世界，使宝贵的文化得到发展，民族体育基地的建立是非常有必要的，而且任务刻不容缓。

2. 民族体育文化的发展与传承

在文化迅速变迁的背景下，对民族传统体育的批判继承和对现代体育文化的选择性吸收，是中国民族传统体育文化形成本民族特色又被国际社会认同的必经之路。现在的社会，无论哪一种文化形态的发展和开发都是以经济的发展为前提的。在中国社会主义市场经济和社会各方对文化保护事业的大力支持下，现在的任务就是选择中国特色的社会主义道路，大力发展和保护珍贵的民族传统体育文化。

（1）发展电视媒体和网络信息等传播途径

电视与电脑的发展与普及给民族传统体育文化的发展提供了一条便捷而又广泛的道路。各具特色的传统体育通过一定的整理出现在荧屏上远比那些令人乏味的非黄金时段和重复播放的节目更吸引人民的眼球，这种方式让民族传统体育时事出现在人民的视野中，逐步走近人们的身边，加深人们对传统体育文化的了解与认识，同时能激起人民群众对传统体育文化的保护的热情。新兴媒体，如移动电视、数字广播、手机短信、网络、数字电视等作为技术支撑体系下形成的媒体形态，能将信息覆盖到全国的各个角落，快捷地传递信息，不同地区、不同民族的观众同步观看赛事转播，交流自己的想法与心得，这是一种全新的突破。

（2）加强项目创新

一种文化要想发展离不开创新，中国民族传统体育文化的发展也不例外。在民族传统文化的传承过程中，创新是唯一的一条途径。第九届全国少数民族传统体育运动会取消了金银牌的争夺，改为等级评判一、二、三等奖，这就是较具有竞争性和功利性特点的西方体育文化创新的一点，顺应了重视养生、重视人与自然和谐相处、重视天人合一的中国传统体育文化的核心思想。由此看来，创新才是中国民族传统体育文化发展的重中之重，但是创新需要资金和精力的投入，需要人才的培养和后备人力资源的储备。这就为政府和学校提出了新的要求。

（3）发挥学校和社会的教育功能

①民族传统体育文化的保护与传承必须重视和突出学校教育的作用

学校是社会有计划、有目的、有组织地培养人的专门场所，学校有专业的老师和丰富的体育设备，集前沿教学理论与教学内容为一体，学校是民族体育发展与传承的摇篮。无论是中小学还是高校，民族传统体育都有作为教学内容的可行性，其发展空间较大。在学校中开展趣味性的传统体育项目，创编民族传统体育文化的教育读本，将民族传统体育文化渗透到教学活动中，逐步形成学校传统体育教育体系。学校教育为民族传统体育项目推向全国提供强大的智力支持。

②加强对民族传统体育文化的宣传力度，充分发挥社会教育功能

社区是社会教育功能发挥的基本单位，社区人群相对集中，居民价值取向易于整合。充分利用社区宣传栏、体育广场等场所宣传民族传统体育文化的相关知识，让人们了解传统体育，参加民族传统体育项目。民族传统体育与全民健身相结合是实现民族传统体育发展的另一途径，《全民健身计划纲要》深入实施，在全国范围内形成了一种前所未有的健身热潮，将民族传统体育项目中趣味性、表演性、健身性较强且易于开展的项目加以改造创新并与全民健身相结合，解决了全民健身场地、器材供应和无内容可练的困难。①

① 张国栋，孙浩．休闲体育对全民健身计划纲要实施的影响和作用[J]．西部皮革，2019，（16）：94，93.

二、高校体育文化现代化

民族传统体育——我国优秀的民族文化之一，内容丰富多彩，形式多种多样，其功能具有休闲娱乐、养生保健、竞技等，但其现代化与全球化却举步维艰。亟须提出整合民族传统体育文化，冲破禁锢、打造现代化环境，实现基本理论与方法体系的标准化，实现竞赛和普及相结合的“两条腿走路”等实现民族传统体育未来发展的具体设想措施。

（一）体育文化的现代化转型

现代体育的兴起是文明社会的重要标志。实现体育现代化，是一个历史过程，是中国现代体育的基本走向。中国传统体育与现代体育的糅合、并驾齐驱，是中国体育现代化的基本特点。

1. 中国传统体育与近代体育的糅合

中国作为拥有上下五千年历史的文明古国，其文化也是源远流长、博大精深。文化范畴广阔，体育文化也是其不可或缺的一部分。体育文化反映了体育的整体面貌，通过各种体育活动得到具体展现。体育文化在当今不仅能体现出个人素养，也能展现出小到一个多人集体，大到一个国家的整体风貌，因而体育文化在当下有着愈发重要的地位。“体育”这一术语并非我国固有的，它是从国外传进来的。在我国使用“体育”这一术语之前、使用的是“体操”这一词。这一词义同现代体育运动项目的“体操”不同，它泛指整个体育。在我国古代还未出现一个可以概括所有体育活动的概念或术语，没有一个与今天“体育”完全相当的概念。类似“体育”词义的，如“养生”“导引”“尚武”“习武”等等。

（1）遵循礼

“礼”是中国传统文化价值体系的中心范畴和文明进化的主旋律。孔子是中国礼文化的集大成者，他提出“不学礼，无以立”，把一切都纳入礼的轨道，所以体育文化活动也不例外。中国古代体育作为传统文化的一个组成部分。如盛行于唐代的“十五柱球戏”，柱子上就分别标有“仁、义、礼、智、信、温、良、恭、俭、让”等红字和“傲、慢、佞、贪、滥”等黑字，木球击中红者为胜，击中黑者为败。这个小游戏过程充分表达了娱乐活动中的道德规范和价值观念。

（2）内外兼修

中国古代体育由于受这种思想的影响，偏重于在修身养性、陶冶性情上下功夫，不像西方古代体育追求人体美，追求力量、速度。在中国古代的典籍中描述最多的古代体育莫过于武术和养生运动，这两种运动都有着深层次的哲学思想、成熟的习练方法、完美的艺术形象。注重武德，内外兼修，神形兼备历来是习武者的第一要义。在整个武术运动的习练中无处不突显出自强进取、自我修养、人格完善的传统文化精神。愉悦身心、宣泄情感、调情养志同样是中国古代体育所具有的文化功能，民间体育和女子体育尤甚。

（3）具有艺术性

比如西周时的“礼射”，不只是单纯的射箭表演和比赛，而且还按等级配有不同的音乐，这可以说既是古代的体育，又是古代的艺术。还有中国武术的发展，最初的武艺主要是在军事战争中形成和发展起来的。后来，当它逐渐脱离了军事而独立存在、自成体系时，它的艺术性也就愈来愈高。除此之外，中国古代体育中其他项目如剑舞、龙舟竞渡、秋千、蹴鞠、滑冰等，也都追求形式美和艺术性的表现。

2. 全球化背景下的中国体育文化

全球化是非蓄意和非预期的全球性效应，而不是全球性倡议和行动。一方面把流动自由权赞颂为全球化的最大成就和它不断繁荣昌盛的保证，而另一方面又经常剥夺其他人的这一权力。在全球化视域下对中国体育发展的哲学思考，“不再仅是追求唯一的真理，或者是追求普遍的共识，还可以从不同的背景进行各种探讨，去扭转人人习以为常的思维”。“人的发现”和“人文精神的反思”是人类永恒的两大课题。反思全球化下中国体育的发展，不是一味地批判全球化，也不是全盘接收全球化。在全球化的带动下及随后西方体育文化的强势冲击下，反思中国民族传统体育首当其冲地遭到破坏的现象，以及未来中国体育发展的方向。

（二）高校发展体育文化现代化的策略

要想切实提高体育现代化发展目标，就要求高校要把体育教育作为基础的学科来进行系统的课堂教学，并且要保证学校体育教学的质量。可以采取一些具体措施来配合学校体育教学的实施，来提高学生对体育课的重视程度。

1. 高校体育教育现代化的必要性

中国现代化建设是以市场经济发展为前提的，那么我国的体育教育现代化的发展就不可能脱离中国的基本国情。只有正确地看清本国存在的不足与合理汲取世界各国的优秀文化，实现中国特色体育现代化的理论，才能使得中国体育现代化与体育现代化教育有更好的发展，最终将中国的完美形象展现在世界的大舞台之上。盲目地追求西方文化对于建立现代化体育教育是错误的，适当借鉴西方文化，以本国文化为主导来构建现代化体育教育才是发展的根本。

2. 高校体育教育现代化发展的策略

（1）体育教学思想现代化

教育思想现代化即教育思想主动适应社会变革，对教育建设具有超前影响，它包括人才观、质量观、教育价值观、教学观、师生观，并在教学实践中身体力行，使之成为全体教育工作者的自觉行动。就体育教育学而言，应从单一的生物体育教学观转变到多维的体育教学观；从传统的以体育知识技能灌输传授为中心转向以培养学生自主学习，自主锻炼，发展独立思考能力和创造能力为主的体育教学，从多元化、全面性、发展性的教学目标出发，从体育教学的生物，社会教育、心理方法论等多重原理出发，注重不同年龄段学生在体育知识、技能、体育兴趣及体育价值观的培养；改变人为地用心率、密度等生物学科的知识和方法来评定任何体育课的思想。

（2）体育教学内容现代化

用先进的科学技术来充实技工学校的教育内容，强调教材要反映出现代科学文化的先进水平。因此，教育内容的精心优选科学搭配是教育现代化难度最大，影响最广泛的基础性工作。

理论课教材应选择有利于强化学生健身意识增强体质的知识，养护身心理论和方法等方面的内容。同时，应该抱着发展的实事求是的观念来扬弃传统的教学方式、方法，充实学校体育教育的文化价值与观念体系，实践课教材应打破以竞技运动为中心的教材体系，选用具有较高锻炼价值和终身效益的民族传统体育项目等个体练习教材，培养学生科学锻炼养护身体的能力。

（3）体育教师队伍现代化

体育教师队伍的现代化是体育教学现代化的核心因素。现代化的体育教师应具有一定的体育知识技能技术等专业素质，掌握现代教学方法，新型教学设备的操作技术和一定专业外语，具有正确的人才观、教育观、师生观。

体育教师不仅要注重提高自己的学历层次，更要注意不断吸收新知识、更新知识结构，学会改变体育教学工作中形成的传统工作习惯与思维方式，用现代教育思想与理论武装自己，使自己的观念和认识得到提高。

参考文献

[1] 张建梅 . 高校体育教学与大学生体能训练 [M]. 长春：吉林科学技术出版社，2020.

[2] 蒋明建，左茜颖，何华 . 高校体育教学体系的建设与发展 [M]. 长春：吉林大学出版社，2020.

[3] 孙丽萍 . 新时代高校体育教学理论探索与实务研究 [M]. 长春：吉林大学出版社，2022.

[4] 李进义 . 高校体育教学与体育文化融合发展研究 [M]. 北京：中国原子能出版传媒有限公司，2021.

[5] 温正义 . 高校体育教学与大学生体育实践能力培养研究 [M]. 北京：北京工业大学出版社，2021.

[6] 张琦，柴猛 . 大学体育教学改革与创新 [M]. 长春：吉林科学技术出版社，2020.

[7] 史健，王凯，张强 . 大学在线体育教学研究 [M]. 北京：中国商业出版社，2021.

[8] 任波，李广国 . 大学体育有效教学艺术 [M]. 长春：吉林科学技术出版社，2020.

[9] 李慧 . 高校体育教学改革与科学化训练研究 [M]. 沈阳：辽宁大学出版社，2021.

[10] 陈轩昂 . 新时期高校体育教学的改革与发展 [M]. 北京：航空工业出版社，2019.

[11] 尚永恒 . 体教融合视域下高校体育教学改革路径探究 [J]. 教育教学论坛，2023（09）：84–87.

[12] 田琳 . 高校体育教学改革的思路及策略研究 [J]. 江西电力职业技术学院学报，2023，36（01）：34–36.
[13] 刘全 . 核心素养视角下高校体育教学改革路径探析 [J]. 体育风尚，2023（01）：122–124.
[14] 张启帆 .“互联网 +”背景下高校体育教学改革的探究 [J]. 教师，2022（36）：63–65.
[15] 王兵柯，栗志阳，王佳雪 . 终身体育理念下高校体育教学改革路径探索 [J]. 张家口职业技术学院学报，2022，35（04）：78–80.
[16] 林景兰，涂文明 . 高校体育教学改革如何适应阳光体育运动的需求 [J]. 佳木斯职业学院学报，2022，38（10）：124–126.
[17] 龚晓 . 校园文化环境建设对高校体育教学的促进 [J]. 环境工程,2023,41（01）：276–277.
[18] 张诚勇，丁正邦 . 高校体育文化对大学生社会化的影响分析 [J]. 当代体育科技，2022，12（36）：61–64.
[19] 张可，陈泽湘，荣健翔 . 精神文明建设视角下湖南普通高校体育文化的研究 [J]. 体育科技，2022，43（06）：149–151.
[20] 李云 . 高校体育社团在构建校园文化中的价值研究 [J]. 文体用品与科技，2022（23）：177–179.
[21] 韩雪梅 .“健康第一”理念下西安普通高校公共体育课教学改革的研究 [D]. 西安：西安体育学院，2017.
[22] 李若果 .“运动套餐”方案运用于高校公共体育教学改革的实验研究 [D]. 昆明：云南师范大学，2014.
[23] 梁双双 . 体验式培训理念对普通高校体育教学模式改革的影响研究 [D]. 南京：南京师范大学，2014.
[24] 王娟 . 普通高校体育教学改革的理论与实践研究 [D]. 武汉：武汉体育学院，2012.
[25] 黄贺 . 基于《国家体质健康测试标准》的重庆市独立学院体育教学改革实效性研究 [D]. 重庆：西南大学，2011.

[26] 唐爱英 . 拓展训练理念下普通高校体育教学模式改革的研究 [D]. 长沙：湖南师范大学，2009.

[27] 张晓东 . 信息技术在高校体育教学中的应用 [D]. 苏州：苏州大学，2008.

[28] 罗智勇 . 广西大学体育俱乐部制课内外一体化改革成效分析 [D]. 苏州：苏州大学，2006.

[29] 韩武 . 从竞技和健身理念审视高校体育教育专业田径课程教学改革 [D]. 呼和浩特：内蒙古师范大学，2005.

[30] 高亮 . 学分制下的我国普通高校体育教学改革 [D]. 芜湖：安徽师范大学，2004.